Viktor E. Frankl

フランクルに学ぶ

生きる意味を発見する30章

斉藤啓一

Keiichi Saito

日本教文社

本書の本文用紙は、地球環境に優しい「無塩素漂白パルプ」を使用しています。

まえがき

本書は、現代人の心の特効薬として近年ますます評価の著しい心理療法「ロゴセラピー」の発案者であり、二十世紀の代表的な思想家でもあったヴィクトール・エミール・フランクルの人と教えを紹介した入門書である。

同時にまた、生きる意味と目的を真摯に探求し、人生をより意義あるものにしていきたいと願う人たちのために書かれた、いわば「生き方のヒント集」でもある。

古今東西、多くのすぐれた思想哲学の中でも、フランクルの教えほど強い説得力をもって生きる勇気と希望、エネルギーを与えてくれるものは少ない。それは単なる気休めでもなければ安易な癒しでもなく、学べばすぐに効果を発揮する、きわめて実践的な叡知なのである。

それはフランクル自身が、史上最悪ともいえる極限状況、すなわちナチス強制収容所の地獄を生き抜いた経験を土台にしているからであろう。

彼がそこで見たものは、いったい何であったか？

それは、極限の苦悩と絶望の果てに開示される、輝かしい人間の姿だった。いかなる状況でも他者を思いやる高貴な人間性、どんな絶望からも立ち上がる驚異の生命力だった。

フランクルはいう。これこそが、私たち人間の本当の姿であると。

そして私たちは、自らのこうした姿に、今こそ目覚めなければならないと。

本書には、そんな彼のエッセンスが凝縮されている。どのページを開いても、生きる希望と感動のメッセージが伝わってくるはずだ。現代人が求め、必要としている指針がここにある。

フランクル（一九〇五～一九九七）は、もともとはオーストリアの精神科医である。人間の基本的志向性について、フロイトが「快楽への意志」であるとし、アドラーが「権力への意志」としたのに続いて、「意味への意志」と訴えたフランクルは、いわゆるウィーン第三学派に位置づけられ、思想家としては実存哲学者とみなされている。

しかし一般には、『夜と霧』（原題は『強制収容所における一心理学者の体験』）の著者として知られているようである。この本は、文字通り強制収容所においてフランクル自身が目の当たりにした「極限状態における人間の姿」を、科学者らしい冷静な筆致で描いたものである。苦悩を乗り越える人間の偉大さをあきらかにした作品として、世界的ベストセラーとなった。

かつてフロイトは、生存を脅かされる状況におかれた人間は、だれもがケダモノのように堕落するといったが、それに対してフランクルが見たものは、聖者のごとくなった人間の姿(実存)だったのだ。

「私は見た。自分の最後のパンを与える者、優しい言葉をかけてまわる者たちの姿を……」

そんな人間観を土台にして世に打ち出したのが、ロゴセラピーである。

ロゴセラピーをひとことで説明するなら、フランクルが強制収容所でかいま見た人間の高貴なる本質、いわゆる実存的な本性を〝覚醒させる〟技法であるといえよう。心理療法のひとつに数えられてはいるが、専門家だけの特権にとどまらず、だれもが簡単に実践でき、しかもすぐれた即効性を期待できる応用力をもっている。

それは、自分を忘れ、自分を越えて価値ある何かに没頭し、一体化することで得られる精神的な充足感、いわば真の幸福へと人を導くものである。フランクルはいう。

「自分の成功や楽しみには目もくれぬ人――自分を忘れ、ある事やある人に、仕事や人間に愛を傾ける人――そんな人には、すべてがひとりでにやってくる。成功も楽しみもである」

要するに、本来の人間性を回復させること、これがロゴセラピーの目的に他ならない。

ところで、現代社会に目を向けてみると、もはや強制収容所こそ存在しないとはいえ、私たちは別の意味で、深刻な閉塞状態にあるといえないだろうか。

それは、いい知れぬ孤独感や空《むな》しさ(という壁)に包囲されている感覚である。ふと自己の内面を振り返るときに感じる、あの切々たる思いなのだ。

この閉塞感から逃れるために、麻薬や酒色《しゅしょく》に溺れたり、娯楽やギャンブル、犯罪に走ることもある。こんなことをしても偽りの解放感が得られるだけで、後にはさらにひどい空しさが残るだけなのだが、そうせざるを得ない心の苦しみに引きずられてしまうのだ。

いったい、この空しさの正体は何なのか？

自分の存在やこの人生には、何の価値もない、すべてはただ生まれ、生存し、そして死んでいくだけ、報われない労苦、不条理と絶望があるだけに思える――こうした重荷で私たちを押し潰そうとする空虚感は、いったいどこからやってくるのだろう？

私たちはもはや、かつて遠いむかしに経験したような、晴れ晴れとした解放感、心の底からの喜びで満たされることはないのだろうか？

格子窓から外の自由を羨望する囚人のように、私たちはそんな人生を夢想する。まるで「強制収容所」に閉じ込められているかのように。

この収容所には、肉体的な暴力もなければ、寒さも飢えもないかもしれないが、精神的な暴力、寒々とした人間関係、情愛の飢餓ならば、いくらでもころがっている。

こんな状況で、私たちはケダモノのように空しく生きるしかないのだろうか？

それとも、こんな状況においてもなお、いや、だからこそというべきか、真の人間性を取り戻し、真の幸福をつかむチャンスを、見つけることができるのではないだろうか?

フランクルのメッセージは、後者の道を勇敢に歩もうとするときには、いつでも寄り添ってくれる頼もしいパートナーになるはずだ。フランクルの口調は断固として揺るぎない。

「あなたの存在、あなたの人生には、すばらしい意味がある。いかなる絶望にも希望がある。人生はうまくいくようになっている。ただそのことに気づきさえすればいいのだ……」


本文は、大きく二つの部分より構成されている。第一部は、強制収容所におけるフランクルの体験を中心に、そこで遭遇した人間の様子、また、そこでの人々がいかに限界状況を耐え抜き、いかに本来の自分を開花させていったかを見る。第二部は、そんな体験を通して磨かれたロゴセラピーのエッセンスを、だれにも実践できるようなスタイルで、具体的に紹介した。

フランクルの投げかける言葉の数々は、見えない「強制収容所」に閉じこめられている私たちの魂を揺さぶり、本来の領域に解放してくれる現代の福音となるに違いない。

斉藤　啓一

フランクルに学ぶ■目次

まえがき……I

第1部■強制収容所でフランクルがつかんだもの……I

1――人間など、いくら優秀でも大したことはできない。真に偉大な業績は、宇宙の力を借りて行う。……3

2――苦しみが偽りの自分や幸福を壊したあと、愛が本当の自分と幸福をうち建てる。……10

3――人間は近くに、神は遠くに幸福を見る。神の視点は、人間よりも常に遠いところに置かれている。……17

4――虚栄と誇りは違う。虚栄を満たすには他者を必要とするが、誇りは他者を必要としない。……24

5――人生に何かを期待するのは間違っている。

人生が、あなたに期待しているのだ。…… 31
6 倒れそうな建築は、屋根に重荷を乗せるとしっかりする。
人間も、負担を背負った方が強い。…… 38
7 深刻なときほど笑いが必要だ。ユーモアの題材を捜し出せ。
そこに現状打開の突破口がある。…… 45
8 人は、自分の中の愛を目覚めさせてくれる人を愛する。
愛の中に本当の自分を発見するから。…… 52
9 信じてもダメかもしれないが、信じなければ、
実現するものもしなくなる。…… 58
10 苦しみ悩むのが人間なのではない。
苦しみ悩むからこそ人間なのだ。…… 65
11 真の勇気が試されるのは逆境のときではない。
幸運なときどれだけ謙虚でいられるかで試される。…… 71
12 絶望とは、もうすぐ新しい自分と新しい希望が
生まれてくるという前兆である。…… 78

第2部■ロゴセラピーによる魂の癒し……87

13―この地上には二つの人種しかいない。
品位ある人種とそうでない人種である。……89

14―フランクル成功の秘訣―些細なことは重要なことのように徹底してやる。
重要なことは些細なことのように心を落ち着けてやる。……93

15―自分を一面だけで判断したらその通りになる。
だが、人間とは多面的な存在なのだ。……99

16―悩む人ほど健康で人間的である。
悩む能力が麻痺していないからだ。……107

17―見えない観客は、私たちがどのような劇を演じていくのか、
期待しながら見つめている。……114

18―運命は何のために訪れるのか?
本当の自分に目覚めるために。……121

19―神が人間に期待するのは苦しみではない。
レモンからレモネードを作っておいしく飲むことだ。……128

20——自分を忘れたとき、本当の自分を発見する。
本当の自分を表現するとき、自分はいなくなる。……………133
21——名優は、いかにさえない役を演じても輝き、
大根役者は、いかに輝かしい役を演じてもさえない。
輝きこそが人生の幸福を決める。……………140
22——人生の幸福は、どれだけ快楽を得たかではなく、
どれだけ感動を得たかによって決まる。……………146
23——真の信仰をもっている人たちはすぐにわかる。
彼らには優美さがある。自我や知性、
地位や権力などにとらわれていないからだ。……………153
24——小さなことが気になるのは「自分は神のように完全であるべきだ」
と思い込んでいるからだ。……………159
25——人間は悩みに苦しむのではない。
悩んでいる「自分自身」に苦しむのだ。……………166
26——不眠症を治すには、神様の胸に抱き寄せられるのだと
信じて安心して待っていることだ。……………173

27 愛の喜びは、捕まえようとすると逃げていく。
愛を表現するときにのみ、それはやってくる。……180
28 自分を忘れ、仕事や人間に愛を傾ける人。
そんな人にはすべてがひとりでにやってくる。
成功も楽しみもである。……187
29 あなたがいるだけで世界は意味をもつし、
生きている意味があると思わせる人生こそ最高だ。……195
30 いくらすばらしい技術があっても人は癒せない。
人間的な触れ合いと愛の交流がなければ。……202
著作リスト・参考文献……211
あとがき……213

凡　例

1——本文において、フランクルの著作から引用した文章については、その書名を彼の著作リスト（巻末に記載）に付けられたAからOまでのアルファベットで示し、同時にページ数を付記した。

たとえば（D35）とあれば、『神経症I』の三十五ページから引用したという意味である。ただし内容的に重複している著作が多いため、同じ引用文が他の著作でも見られる場合もある。

2——フランクルの著作以外からの引用については、書名を番号で示し、その番号に対応する書を巻末に参考文献として掲載した。

3——本書の文体に合わせるため、引用文には表現上の手を加えている場合がある。

第1部■強制収容所でフランクルがつかんだもの

フランクル自身も、もし第二次世界大戦中に死の収容所で数知れない死に直面するという経験がなかったとしたら、果たしてあれだけの叡知と人間理解、共感、心の豊かさの高みに到達しえただろうか。（※1）

――エリザベス・キューブラー・ロス

【1】

人間など、いくら優秀でも大したことはできない。真に偉大な業績は、宇宙の力を借りて行う。

――ロゴスの力を呼び覚まし、高次の生命力と意識レベルを発揮させる――

■死に直面した登山家の驚くべき生還

それは一九六四年、ロッキー山脈にあるネバ山でのことだった。

ベテラン登山家ロブ・シュルタイスは、標高三千九百メートルの山の制覇をめざし、孤独な戦いに挑んでいた。

ところが突然、思いがけない天候の激変に見舞われた。荒れ狂う吹雪となり、前進も後退もできない状況に追い込まれ、ついには足を滑らせて転落。岩棚に身体を強打し、ころがり落ちたのである。

ひどい打撲と、アイゼン（登山用のかんじき）の鋭い爪が背中に突き刺さり、血まみれになった身体は、まるで捨てられたかのように、途中の岩場に投げ出された。

全身に走る激痛。力を振り絞り、何とか立ち上がったものの、猛烈な吹雪と重症を負った身体では、下山など、とうてい無理な話だった。もうすぐ日が暮れる。このまま冷たい夜を迎えたら、凍死は確実だった。恐怖が牙をむき、絶望が重くのしかかった。だが、ここで死ぬわけにはいかない。必死になって足を踏み出してみた。

するとどうだ。歩けるではないか。

生きていることさえ不思議だというのに、こうして歩いているとは！

だが、本当に不思議なことは、これから始まったのである。

歩いているうちに、身体の痛みも恐怖心も消失し、意識が非常に冴えわたってきたのだ。視覚は鮮明になり、周囲の、どんな小さな事物さえも鋭敏に察知できた。身体は、信じられないような機敏さとバランス感覚を伴って動き出し、ときには五メートルもの岩壁にへばりついて移動するという、自分の技術をはるかに越えた離れ業を、楽々とこなしていったのである。

こうして、幾多の危険を乗り越えながら、彼はついに下山を果たした。

このときの行動について、シュルタイスは次のように語っている。（※2）

「むだな動きは一切なかった。失敗は犯しようがなかった。落ちるかもしれないなんて思わなかった。二足す二が三にならないのと同じくらい、落ちるなんて思わなかったのだ……」

何という自信であろうか。

いや、むしろ「信頼」というべきなのだろう。突如として沸き上がった内なる力への絶対的な信頼、これが彼の胸中を満たしていたのである。

人間は、生死にかかわるような緊急事態、絶望的な極限状態に追い込まれたときなど、信じられないような生命力を発揮することがある。俗に「火事場の馬鹿力」などと呼ばれるこの力が目覚めると、ふだんの実力をはるかに越えた驚異的な体力や知性を発揮し、絶望と思われた困難や試練でさえ、軽々と乗り越えてしまったりするのだ。人間の底力、その秘められた可能性は、まったく驚くばかりである。こうした潜在能力を自由にコントロールできたなら、私たちは間違いなく超人的な偉業を成し遂げられるに違いない。

しかし残念ながら、必ずしも意のままにはならない点が、この力の難しいところなのだ。

事実、危機的状況を乗り越えたシュルタイスも、引き続き極限的な登山やマラソンに挑んでみたというが、二度とあのような体験はできなかったと報告している。

いったい、それはなぜなのか？

「僕はあることを、かなり明白なあることを忘れていたのだった。適切な精神的（もしくは心理的、霊的な）要素が抜けているなら、一切は無駄になるということだ」

彼によれば、驚異的な生命力を発揮するには、何らかの「精神的な要素」が必要だというのである。ただ単に、危機的な状況に追い込まれただけではダメらしいのだ。

ではなぜ、最初のときだけ、あのような生命力を発揮できたのか？

そこに「精神的な要素」が介在していたからなのか？　ならば、それは何なのだろう？

「何週間にもわたるクライミングの中で、僕は自分自身に対する信仰を強めていったのだ。転落事故にあっても死なずにすんだのは、僕が〝偉大なる力〟と結合しているというメッセージだったのだ。だから、その後、あれほど楽々と優雅に下山することができたのだろう……」

「自分自身に対する信仰」――この「信仰」を強めることにより、「偉大なる力」との結合がもたらされ、その力が心身に流れ込んでくる。これが、あの強烈な生命力（バイタリティ）の正体だというのだ。

ならば、その源泉である「偉大なる力」とは、いったい何なのだろう？

また、「自分自身に対する信仰」を強めるとは、具体的にどういうことなのか？

■自己の内なる力を信頼して、それにまかせきるときに、偉大な力が生まれる

こうした疑問を解く鍵を握る、もう一人の登山家が、やはり悪天候に見舞われた山を登っていた。雨と霧の中での、命懸けのロック・クライミングである。実は二週間前、彼の同僚がここから転落したのだった。幸い生命は助かったものの、その様子を見て以来、男の胸中には恐

怖心が芽生えたという。今回の登山は、それを克服するためだというのだ。

「恐怖を克服するには恐怖と向き合うしかない。怖れていることを敢えてするしかないのだ」

こんな荒っぽい発想で山を登るタフな男の名が、風光明媚《ふうこうめいび》な二つのアルプス登山路に命名されている。「フランクル登山路」である。

ヴィクトール・エミール・フランクル(Viktor Emil Frankl)は、八十歳になるまで登山を愛したオーストリアの精神科医である。一九九七年に九十二歳で世を去るまで、一貫して人間の真実の姿を探求し続け、また訴え続けたのだった。その主張とはこうだ。

人間は、いかに苛酷な状況に置かれても、醜い本能をまるだしにしたり、劣悪な行動に走るような存在とは限らない。逆に、困難や苦しみを通して聖者のようになる人もいる。人間の本当の姿(実存)は、限りなく高貴で偉大な存在、高い次元に属する「精神」なのだ……。

そして彼は、そんな人間の精神(生命)の源を「ロゴス」と呼んだ。

ロゴス(logos)とは、「論理」「精神」「宇宙法則」「神」といった意味の言葉であるが、シュルタイスのいう「偉大なる力」が、まさにロゴスのことをさしているといえよう。

すなわち、ロゴスとは、すべてを支配する「宇宙の力」であり「神の理念」である。どんな出来事もロゴスの現れであり、私たちひとりひとりは、ロゴスが放った小さな火花なのだ。

それゆえ、すべての人間は「神性」をその本質とするのであって、決して「獣性」ではあり得ない。フランクルは引き続き、次のように語りかける。

あなたの本当の姿は、究極的にはロゴスである。大切なのは、自己の内に宿るその力を自覚し、その力を信頼し、その力に自分をゆだねること、その力にまかせて生きることなのだ。そうすれば、ロゴスの偉大な力が働いて、偉大なことが可能になるだろう……。

すなわち、これこそが、シュルタイスのいう「自分自身に対する信仰」に他ならない。

このような生き方をするとき、人間はその本質であるロゴスのエネルギーに満たされ、高次の生命力と意識レベルを発揮するようになる。それは強烈なバイタリティであり、真実を把握する直感的叡知であり、愛に満ちた深い精神性である。

おそらく、偉大な業績を残した人は、自分の力でそれをやり遂げたのではないのだろう。人間など、いくら優秀でも、大したことはできないのだ。彼らは「宇宙の力」を借りて偉大なことを行ったのである。自らの内面に宿るその力を信頼し、自分自身をその力にあけ渡すことによって、偉大な仕事というのは成就されるものなのだ。

そんなロゴスの原理を精神療法に応用したのが、ロゴスのセラピー、すなわち「ロゴセラピー」である。ロゴスを呼び覚ますことで、高次の生命力や意識レベルを回復させようとする精神医学的な技法である。

それは同時にまた、人間存在の根本を自覚させる実践的な哲学でもある。

私たちはどこからきてどこへいくのか？

生きる意味や目的は何なのか？

本当の幸福とは何か？

こうした疑問に対して、ロゴセラピーは真正面から挑みかけていく。

ロゴセラピーのアイデアそのものは、フランクルが青年のときに、すでに確立されていたといわれる。ただし、それを真に自分のものにしたのは四十歳を過ぎてからである。シュルタイスと同様、苛酷な極限状態の中で、体験的に磨き上げていったのだ。

だが、その場所は、天高くそびえる山ではなく、ナチス強制収容所という、人類史上かつてない最低最悪の地獄においてであった。

【2】苦しみが偽りの自分や幸福を壊したあと、愛が本当の自分と幸福をうち建てる。

――フランクル哲学の形成に重要な影響を与えた妻の存在――

■子供を生きたまま焼却炉に投げ込んだ強制収容所

一九三三年、ヒトラー率いるナチス政党が政権を握った。人類史上、もっとも恐るべき地獄の幕開けである。すぐさま法律が制定され、新体制に少しでも批判的な言動をした、あるいはすると疑われた者は、「治療」の名目でゲシュタポ（ナチス秘密警察）に連行されていった。行く先は強制収容所である。彼らの大半は、もう二度と戻ってはこなかった。後にドイツがヨーロッパ各国を占領するようになると、政治犯の容疑者とその家族を夜間にひっそりと誘拐し、強制収容所に送るという特別指令（いわゆる「夜と霧」命令）が出されるようになる。

当初、こうした政策は、ユダヤ人・非ユダヤ人の別なく実施されていたファシズムの一環だった。ところがヒトラーは、奇妙な妄想に取り憑かれていたのである。

その妄想とは、アーリア系人種こそが優等民族であるとする「民族純血主義」である。その他の民族は劣等であり、とりわけユダヤ人の血は汚れているから、そのような血筋を後世に残してはならないとしたのだ。

一九三九年、ドイツはポーランドに侵攻。第二次世界大戦が勃発すると、ヒトラーの牙がその正体を露《あらわ》にした。ユダヤ人たちは、公職、軍隊、学校、専門職から追放され、ユダヤ人企業や施設などが焼き打ちにあい、限られた居住区(ゲットー)に隔離する政策が実施されたのである。彼らは財産も銀行口座も奪われ、貧しい生活の中、飢えや過重労働、病気のために多数の死者が続出した。

一九四〇年になると、ドイツはデンマーク、ノルウェー、オランダ、ベルギー、フランスに侵攻して次々に占領。翌年にはロシア(旧ソ連)に侵攻し、その力のピークを迎える。

侵略の際、最前線の後に、ユダヤ人殺害のための特別部隊が続いていた。彼らは、街にいるユダヤ人を見つけては銃殺していったのである。男性は強制労働に連行されることもあったが、女性や子供は容赦なく殺され、数ヵ月の間に、その数は百万から百五十万にものぼったという。

ユダヤ人の他にも、ポーランド人やロシア人、ロマ民族(いわゆるジプシー)などが、低級民族とみなされて虐殺の対象にされた。

ナチス幹部ヒムラーが後に語ったところでは、彼らはユダヤ人への憎しみや敵意から殺害したのではなかった。ただ冷徹な思想的理念(イデオロギー)を背景に、あるいは官僚的命令ゆえに、冷たく機械的に殺していったのである。彼らの言葉を借りれば、ただ〝清掃した〟にすぎなかったというのだ。

とはいえ、女性や子供を眼前で殺していく現場の隊員たちにとって、それが楽しい仕事であるはずはない。そのストレスから、不眠や悪夢、深酒や喧嘩といった問題が生じるようになった。そこで虐殺の手段が再検討されることになったのだが、本当の理由は「コスト」だったのである。すなわち、弾丸の使用は費用がかかる上に、効率的ではないとみなされたのだ。

そこで注目されたのが、強制収容所である。そこにガス室を設け、大量のユダヤ人を安上りに抹殺しようとしたのだ。彼らを殺すには、毒ガスの入った缶を外から投げこめばいい。殺される女性や子供の姿を見なくてすむ。きわめて無感情に、まるで工場の機械を操作するような感覚でいい。あとは大量の死者が〝生産〟されるのを待てばいいのだ。「生産コスト」は安く、効率的である。

こうして、占領地ポーランドやドイツ国内などに、強制収容所が次々と建設されていった。主な場所としては、ポーランドにアウシュヴィッツ、マイダネク、トレブリンカ、国内にダッハウ、ブッヒェンワルト、ベルゲン＝ベルゼン、ラヴェンスブリュックなどがあげられる。

後になると、さらに経済性を高めるために、使用するガスの量が半分になった。犠牲者たちは、もがき苦しんで死ぬ時間を倍にさせられたのである。あげくの果ては、子供などは死体を焼却するかまどに生きたまま投げ込まれた。

ユダヤ人たちは、すし詰めの貨車に何日も揺られてヨーロッパ中から集められ、強制収容所に送られていった。頑強な肉体をもっていると判断された者は労働者として収容されたが、その他の者は、そのままガス室で殺され、金歯を抜かれて焼却、あるいは大きな穴に埋められておしまいだった。

労働者として残った者も、その苛酷な重労働と極度の栄養失調、極寒、不衛生な環境、蔓延する病気などで次々に死んでいった。結局、連行されたユダヤ人のうちの九十五パーセントが、遅かれ早かれ生命を断たれたのである。

一九四五年に戦争が終結するまでに犠牲となったユダヤ人の数は、少なく見積もっても六〇〇万人。そのうちの半分が、アウシュヴィッツで殺された。

アウシュヴィッツ強制収容所。

またの名を「死の収容所」。そこは、フランクルが送られた先でもあった。

■「その瞬間、私はこの娘を妻にしようと決めた」

医学博士の学位を取得後、ウィーンの精神病院で何年間かの経験を積んだフランクルは、独立して精神科医として開業。だが、それもつかのま。一九三八年、ヒトラーの軍隊がオーストリアに侵攻し、ユダヤ人への圧力が強まったため、わずか数ヵ月で廃業に追い込まれてしまう。三十三歳のときである。

その後、ロートシルト病院の神経科主任のポストに就くが、この病院でティリーという名の看護婦と出会い、結婚している。

実は、彼女の存在が、フランクル哲学の形成に重大な役割を演じることになったのである。ティリーとの結婚を決意したときのエピソードはこうだ。

彼女と昼食の準備をしていたところ、病院から急に電話があり、脳手術のために呼び出された。昼食は台なしになった。二時間後、帰宅したフランクルに、食事もせずに待っていたティリーがかけた言葉は、「ああ、やっと帰ってきたの。ごはん待ってたのよ」ではなく、「手術はどうだった?　患者さんの具合はどう?」だったという。

「その瞬間、私はこの娘を妻にしようと決めた。私から見た彼女がどうこうだから、ということではなく、まさにそれが彼女そのものだったからである」(N115)

後に触れるが、フランクルは強制収容所においてティリーの幻影を目撃し、宗教的回心ともいうべきロゴスとの接触経験をもつことになる。その際、彼女自身のキャラクターが非常に重要な役割を担っていたと考えられるのだ。換言すれば、フランクルをロゴスに目覚めさせる媒体として、この女性はすぐれた資質をもっていたのであり、それがフランクルの人生において彼女が果たすべき使命だったと解釈できなくもない。

強制収容所の苦しみと、ティリーの愛があったからこそ、今日のフランクルがあり得たのである。苦しみと愛は、フランクル思想を構築する二つの大きな柱だが、両者はともに、自己の本質、幸福の本質を明らかにするのに役立つ。どちらが欠けても、人生は皮相的になってしまうというのだ。魂という土地では、最初に苦しみがやってきて、偽りの自分や幸福を解体し、その後で愛が訪れて、本質的な自分と幸福をうち建てるのであろう。

いずれにしろ、フランクルは、彼女を通して、物質的な現象としての「外見」ではなく、霊的実在としての「本質」を見通す内的感覚を呼び起こされたのである。

「私は、彼女が美人だから結婚したのではない。もちろん、その美しさに惹かれなかったわけではないが、もっと私を惹きつけたのは、彼女の本質だった。そのもって生まれた賢さや、巧みで思いやりある配慮だったのだ」(N113)

けれども、ふたりの結婚生活は、わずか九ヵ月で打ち切られた。三十七歳のフランクルは、妻と両親と共に、チェコにあるテレージエンシュタットの収容所に輸送されてしまったからだ。

この収容所は、アウシュヴィッツへ送るための経由所的な場所であり、他の施設と比べると、まだ少しはマシだったようだ。フランクルはここで二年間、精神科医として働いている。

とはいえ、やがて父親が、病気と飢えのために死んでしまう。「神の御心のままに私は耐える」という信仰を貫き通した父を、フランクルは「正義の人」として尊敬していた。

そしてついにフランクルも、母親と兄弟と一緒にアウシュヴィッツへ送られるときがやってくる。幸いティリーは、弾薬工場で働くことが決まっていたので、アウシュヴィッツへの輸送は免れた。だが、彼女の性格を知っていたフランクルは、絶対に自分についてきてはいけないと厳しく言い聞かせたという。フランクルは不安に思った。

案の定、ティリーは自ら志願して夫についてきてしまったのである。

ふたりはアウシュヴィッツへ送られていった。

そして離ればなれになるとき、フランクルはこう叫んでいる。

「ティリー、どんな犠牲を払っても生き延びるんだぞ。わかるか。どんな犠牲を払ってでも！」

フランクルがいわんとしたことは、もしもナチス親衛隊の性的対象となることで命が助かるのであれば、夫への貞節などはかまわず、とにかく生き延びて欲しいということだった。

こうして、アウシュヴィッツ強制収容所へのゲートは開かれたのだった。

【3】人間は近くに、神は遠くに幸福を見る。神の視点は、人間よりも常に遠いところに置かれている。

――ライフワークを失ったフランクルの苦悩とシンクロニシティの導き――

■人生の価値は何によって決まるのか

ポーランド南部に位置するアウシュヴィッツ強制収容所は、湿気の多いどんよりした泥炭地に、いくつもの大きなバラックが立てられた広大な施設で、周囲は高圧電流の鉄条網で囲まれていた。そのため、だれもこの鉄線に近づこうとはしなかった。

ただ、早くて楽な死を望む人たちを除いては……。

座って休む空間もないほど詰め込まれた貨車に数日も揺られ、ようやくたどり着いたユダヤ人を待ち受けているのは「選別」であった。ひとりひとり、ナチス将校の前に歩み出て、右の列か、あるいは左の列につくか指示されるのである。一方の列は、労働に耐えられそうな体格の持ち主と見なされて施設に収容される運命、他方の列は、そのままガス室に送り込まれて焼却される運命である。

フランクルの順番が回ってきた。彼を選別したのは、囚人を非人道的に扱うことで悪名高いナチスの医師であった。フランクルの身体を見た医師は、あとに続くべき列を人差し指で示した。フランクルがその列に目をやると、知り合いの姿がだれも見えない。ところがもう一方の列には若い人たちがいた。そこで彼は、医師の背後に回ると、こっそり指示とは反対の列についたのである。

これは正解だった。最初に指示された列は、ガス室行きの運命だったからだ。フランクルはこのときの行動を振り返り、いったいどうしてそんなことを思いつき、そんなことをする度胸があったのか、自分でも不思議だったと回想している。(N127)

選別の後、すでに収容所生活を送っていた囚人に、自分の友達はどこへいったのかと尋ねた。するとその男は、指をさしてこう告げたという。

「おまえの友達は、あそこで天に昇っていってるよ」

見るとそれは、焼却炉から立ちのぼる黒い煙だった。実はフランクルの母親も、ここで黒い煙となって昇天していったのである。

選別を免れた囚人たちは、シャワー施設のあるバラックに連れていかれ、眼鏡や靴などを除くすべての所持品を没収され、着ている服を奪われ、まったくの裸にさせられた。

実はこのとき、フランクルにはひそかに隠しもっていたものがあった。

ライフワークと呼ぶほど大切にしていた、ロゴセラピーに関する原稿である。アウシュヴィッツでの死を覚悟し、せめてそのエッセンスだけでも残そうと、必死に書き上げておいたものだった。

後にも触れるが、フランクル思想の基本概念は、強制収容所の体験を通して生まれたものではなく、それ以前の、かなり若いときに、すでに確立されていたのである。とはいえ、完成度において同じだと考えるのは早計であろう。強制収容所の体験が、その思想に深みを与え、磨きをかけたことは間違いない。彼は後に語っている。それ以前のロゴセラピーは、自分のために考え出したものであると。そのロゴセラピーに魂を与え、万人のためにしたのは、やはり何といっても自らの体験なのである。

「新しい精神療法とその基礎をなす人間像は、お役所の机や診察室の机の上で案出されたものではありません。それは爆撃の弾痕と防空壕、捕虜収容所と強制収容所の厳しい試練の中で形づくられたものなのです」(G201)

フランクルは、何としてもこの原稿を残したかった。そこで、親衛隊を手伝っている古い囚人に、丸めた原稿の束を示しながら、そっと懇願してみた。

「ねえ、聞いてくれ。ここに私の学術書の原稿がある。生命が助かることが何よりも大切だということは知っているが、私は、何とかしてこの原稿を取っておきたいのだ。わかるかい？」

だが、返ってきた言葉は、「糞くらえ！」のひとことであった。

原稿は没収され、永久に失われてしまったのである。フランクルはこのとき、今までの全人生に棒を引いたと語っている。「自分の精神の子供」とまで呼んだ原稿を失ったことについて、非常に苦悩した様子が窺われる。

「私は、この世に何も残すことなく死んでしまうのか？」

「ならば、人生に何の意味があるというのだろう？」

このように自問自答を繰り返したという。

裸にされた囚人たちは、次に頭髪を剃られ、さらに身体中のすべての毛を剃られて、シャワーを浴びせられた。その後、ガス室で死んだ人の、ぼろぼろに擦り切れたコートが配られた。

フランクルの譲り受けたコートのポケットに、ユダヤの祈禱書から破り取った一枚の紙が入っていた。それを見た瞬間、「自分がこれまでに書いてきたことを、今こそ生きよ」という神からのメッセージに感じられたという。そうして、失われた原稿への思いをふっきった。

「人生の意味が、本が出る出ないにかかっているとでもいうのか？　そんな条件づけられた意味など、真の意味ではない。本を出版するよりも、自ら書いた本の内容通りに生きること、すなわち、避けられない苦しみや死であれば、それを心静かに受け入れること、この方がよほど重要で意味がある。なぜなら、模範的な生き方をしたという実績は、過去という、決して侵害されることのない避難場所に保管され、永久に失われることがないからだ」(J193)

これは、後にフランクルが力説する「態度価値」について言及しているのであるが(20章参照)、いずれにしろ大切なのは、その言葉ではなく行動なのだ。口先だけなら、どんなことだっていえる。

しかし、自らの実践を伴わない、単なる机上の空論、それを書き綴っただけの原稿など、まさに同僚の囚人が吐き捨てたように「糞《くそ》くらえ!」なのだろう。あまり上品とはいえないこの言葉も、実は神からのメッセージだったのかもしれない。自らの生きざまで裏打ちされていなければ、その書物を世に出す価値はない。フランクルは後にこう語っている。

「私は、自分の精神的な子供を犠牲にしようという境地に自分をもっていくしかなかった。そのおかげでやっと、自分があの本——すなわち『医師による魂の癒し』(邦題『死と愛』)——を出版するに値する人間と認められたのであろう」(N129)

そして、こうもいっている。

「強制収容所は、まさに私の卒業試験だった……」(N130)

■フランクルの運命を決めたシンクロニシティ（意味ある偶然の一致）

偶然と思えるような出来事にも、そこには深い意味が潜んでいる。それは神（ロゴス）からの啓示かもしれない。フランクルは常にそう考え、ささいな偶然からも、そこに意味を読み取ろうとする姿勢をもっていた。

実は、強制収容所に送られる際も、この啓示に従っていたのである。（J70）

フランクルは、アメリカ大使館から移民のためのビザを取るチャンスが与えられていた。ビザを取得してアメリカへ行けば助かったのだ。けれども、そうしたら両親はどうなるのか。今までのように、病院の神経科主任という立場を利用し、収容所行きの運命から優先的に守ってあげることはできなくなる。

迷った。ビザを取得し、両親を置き去りにしてアメリカへ行くか？　両親はそれを強く望んだが、そんなことが許されるのか？　こうしてフランクルは、「神の啓示」を求めたのである。

あるとき、帰宅すると、テーブルの上に大理石のかけらが乗っていた。

そこにはヘブライ文字が書かれていた。父が説明した。

「これは今朝、教会堂が建てられていた敷地で拾ったのだ（教会堂はナチスに焼き打ちされていた）。この石は、十戒が刻み込まれてあったテーブルの一部なのだよ」

「十戒の中の、どの戒律ですか？」

フランクルが尋ねると、父はその十戒の文句を口にした。

「父と母を敬え。そうすれば天国に召されるであろう……」

フランクルは、これこそ待っていた神の啓示だと信じ、決意を固めたのである。すなわち、ビザを無効にし、両親と強制収容所へ送られる運命を受け入れたのだ。今日の言葉でいえば、シンクロニシティ（共時性＝意味ある偶然の一致）の導きに従ったわけである。

しかしながら、結果はどうだったか？

天国に召されるどころか、「地獄」に召されてしまったわけだ。

これだけを見ると、あまり「神の啓示」だとか、シンクロニシティといったことは、当てにならないようだ。神の導きは、期待はずれに終わることも多いように思われる。

しかし、長期的に見るなら、また状況は変わってくる。人間は近くに幸福を求めるが、神は遠くに求めるようだ。神の視点は、人間よりも常に遠いところに置かれている。

【4】虚栄と誇りは違う。虚栄を満たすには他者を必要とするが、誇りは他者を必要としない。

――人間性を徹底的に否定された強制収容所での生活――

■極限状態で人間はどうなるか

毛という毛を剃られると、人間はだれもが同じように見える。

囚人たちはしだいに個性を奪われていき、ついには名前まで奪われ、代わりに番号が腕に入れ墨された。後は死ぬまで番号で呼ばれたのである。

番号とはいったい何か？　それは、識別のための記号にすぎない。

しかし名前は、記号ではない。名前は、その人のアイデンティティの表象である。名前には個性があり尊厳がある。しかし番号にはない。名前を奪うことは、個人を否定して「規格品」にすることである。「ひとり」という言葉は消え、「ひとつ」になるのだ。フランクルという人間はいなくなり、一一九一〇四番という数字の「物」にさせられたのである。それ以後、「数」がひとつ消えようと消えまいと、たいした問題ではなくなってしまうのだ。

囚人たちは、今までの社会的な肩書も地位も、家族も、あらゆる所持品も服も、名前さえも奪われ、まさしく完全な裸、「無」の存在にさせられたのである。

こうして始められた収容所の生活は、悲惨を極めた。

食事は、昼と夜にパンがひとつと、水のように薄いジャガイモのスープだけ。ときどき、わずかなチーズやウインナーがつくこともあるが、生存ぎりぎりの栄養分である。そのうえ道路工事などの重労働が、二交替で毎日十二時間も課せられる。しかも、冬場には零下二十度にもなる厳寒の野外においてである。バラックの中には、もちろん暖房らしい暖房もない。

そのため、囚人たちは骨と皮だけの骸骨になってしまう。ご存じのように、肉体は飢餓状態になると、まず体内の脂肪を分解してエネルギーとするが、それが尽きると筋肉などの蛋白質を分解し始める。この段階になると生命にとっては危険な状態で、毎日が死へのカウントダウンになるのだ。

夜は、ノミだらけの毛布、それも九人に二枚しかない毛布をかけ、横を向いて互いの身体を密着させるように眠る。そうしなければ寒くて凍えてしまうからだ。枕がないので、糞便にまみれた靴に頭を置いて横になる者もいた。ある晩、フランクルは悪夢にうなされている仲間に気づいたが、あえて起こさなかったという。どんな悪夢も、強制収容所の現実よりましだというのが理由である。

こうした生活に加え、不衛生な環境からくる病気、虐待、いつ殺されるか知れない精神的不安などが襲いかかる。とりわけ囚人たちを悩ませたのは、親衛隊から任命された監督責任者たちだった。

カポーと呼ばれる彼らは、もともと同じユダヤの囚人仲間なのだが、そのカポーが、監督の名目でサディスティックな虐待を加えたのである。それはしばしば、親衛隊よりも過激な暴力に及んだという。なかには温和なカポーもいるにはいたが、フランクルによると、もともとサディスティックな素質をもつ人間がカポーに選ばれたらしい。そのため、たいていのカポーが、囚人たちにとって恐怖の存在であった。

たとえば、少しでも労働の手を休めようものなら、容赦なくムチやこん棒で殴りつけてくる。何の理由もなく殴ることもある。便所のくみ取りの際、汚物がはねて顔にかかり、顔をしかめたりふき取ろうとすると、その〝お上品ぶり〟に腹を立てて殴ったり、糞尿の上に寝かせたりしたのである。

フランクルも、カポーにはずいぶん苦しめられている。

厳寒の作業場で、手袋もなく凍りついた表土を掘っていたフランクルに、能率が悪いといってカポーが罵倒を始めた。

「おまえ、豚犬め。おまえは一体何なんだ。おい豚、商人か？」

「私は医者だ。専門医です」

「なに、おまえは医者だったのか。ははあ、おまえは人々から金をだまし取ったろう」

口ごたえは賢明ではないとわかっていたフランクルだったが、この言葉にはカチンときた。

「労働監督、私はそれどころか、無料で働いたのだ。貧者のための外来診察をしていたのだ」

フランクルは、こてんぱんにやっつけられてしまった。

こうして囚人たちは、まさに極限の苦しみへと追い詰められていったのである。毎日のようにだれかが死に、あるいは鉄線に飛び込んで生命を捨てていった。

「いったい、この身体は私の身体なのだろうか？　いや、もうすでに屍《しかばね》ではないのか。いったい自分は何なのか？　人間の肉でしかない群衆、掘立小屋に押し込まれた群衆、毎日一定の割合で死んで腐っていく群衆の、ひとつの小さな部分にすぎないのだ」（A113）

フランクルは嘆いた。しだいに心は麻痺し、何を見ても無関心、無感動になってきたという。

仲間がケダモノのような行動を取るのを見ても、何とも思わなくなったと報告しているのだ。

「またしてもひとり死んだ。囚人仲間が次々と暖かい屍体に近づき、一人は昼食の残りの、泥をかぶったじゃがいもを素早く獲得し、もう一人は屍体の木靴が自分のよりまだましなことを確かめてそれを取り替え、他のひとりは死者の上衣を同様に取り替え、さらに他の人間は一本の結び紐を確保できたことを、いかに喜んだかを見た……」(A102)

人間の本質は、やはりケダモノなのだろうか？

しかし、こうしたありさまの彼方に、フランクルは人間の真の姿を見いだすことになる。

■人間はなぜ人間を差別したがるのか？

ところで、何の罪もない人たちを、これほど非人道的に、これほど大勢苦しめなければならない理由は、いったいどこにあったのだろうか？

戦争であれば、殺戮《さつりく》行為はあくまでも手段のはずである。しかしホロコーストの場合、殺戮そのものが目的だったのだ。いったいなぜ、こんなことが起きたのか？

すでに述べたように、ホロコーストはヒトラーの「民族純血主義」という妄想の産物である。いかに理論づけされようと、しょせんは愚かな迷信であり、巷《ちまた》にある「血液型占い」の馬鹿馬鹿しさと何ら変わらない。人間性の本質は、「血」で決まるものではないからである。

だが、ヒトラー個人がどのような妄想を抱こうと、それ自体はさしたる驚きではない。問題なのは、たったひとりの男の妄想に、国民が熱狂的な支持を与え、全体にまで広がったことである。こうなると、人類の根本的な意識構造を問い直してみなければならないだろう。

すなわち、ホロコーストは、人間の根源的な差別意識の現れではなかったのだろうか、ということだ。

差別とは、自分を他者より優位に立たせようとする行為である。その根底にあるのは、おそらく自己保存の欲求であろう。この自己保存の欲求から、他者から侵害されるのではないかという恐怖が生まれてくるわけだ。

その恐怖にかられて、敵から襲われないように力をつけようとする。あるいは、力があるように見せかけよう（威嚇しよう）とする。

これが、自分を優位に置こうとする根本動機ではないのか？

これが、虚栄心や差別の根源ではないのだろうか？

そのために、民族や家柄といった「血の差別」が行われ、生まれた国や土地といった「土の差別」、その他、職業、地位、経済力、知名度、学歴、容姿、あるいはブランド品を身にまとうなど、あらゆる要素を利用して差別が行われるのであろう。

要するに、虚栄心も差別意識も、恐怖に対する防衛的態度の現れなのだ。虚栄によって人を見下し、差別化する根本動機は恐怖なのである。

通常の場合、自己保存に基づく恐怖心そのものは、漠然とした、なかば無意識的なもので、特定の具体的対象に向けられてはいない。

ところがヒトラーは、ユダヤ人を利用して、漠然とした恐怖に具体的な対象を与えたのである。すなわち、ユダヤ人が自分たちの存在を脅かすという妄想的な恐怖を、国民に抱かせることに成功したのだ。そうして、その恐怖を過剰に煽っていったのである。

その結果、どうなったか?

自分の存在を脅かしそうな「敵」は、完全に抹殺しない限り安心できないだろう。徹底的に無力化しなければ、不安で仕方がないだろう。その結果がホロコーストであり、強制収容所での徹底的な人間性の否定だったのである。

だが、強制収容所が否定した「人間性」は、真の人間性では決してなかった。

それは単に「虚栄に満ちたニセの自分」にすぎなかったのだ。それゆえ囚人たちの中には、もはやいかなる恐怖も超越し、「神の他には何も恐れない」ほどの勇気、真の人間性を確立した者がいたのである。それはまさに、「誇りに満ちた真実の自分」だったのだ。

虚栄と誇りはもちろん違う。虚栄を満たすには他者を必要とするが、誇りは他者を必要としない。誇りとは、他者ではなく自らを征服した者の、内的な真の自信なのである。

【5】

人生に何かを期待するのは間違っている。人生が、あなたに期待しているのだ。

——絶望を乗り越えるためのコペルニクス的発想の転換——

■夢の中で釈放期日を告げられた男の悲劇

人間が、これほどの極限を生き抜くためには、何が必要とされるのだろうか？

「内面的な拠り所をもたなくなった人間のみが崩壊せしめられた……」（A171）

フランクルはこう語り、精神的な拠り所として「希望」が必要だという。しかしながら、それが外的条件に左右される場合、しばしば深刻な結果をもたらすこともある。

その実例として、釈放される「期日」を希望にした囚人について報告されている。（A180）

一緒に監禁されていたその人物は、二月のあるとき、フランクルにこんな夢を見たと話した。

「夢の中で声が聞こえて、知りたいことは何でも答えてくれるというんだ。そこで、いつ戦争が終わって釈放されるかと尋ねたんだ。そうしたら今年の三月三十日だというんだ」

男の声は希望にはずんでいた。

ところが三月に入っても、戦争が終わる気配はまったく感じられなかった。無情にも日は過ぎていき、とうとう三月中に釈放される可能性は絶望的になったのである。

するとその男は、まさに三月が終わろうとする二十九日に高熱を出して発病し、三十日に意識を失い、三十一日に死んでしまったというのだ。

死因そのものは発疹チフスだったが、生きる拠り所を喪失したことによる精神的失望が、細菌に対する抵抗力を弱め、その結果チフスに侵されて死んだのだとフランクルは解釈している。

それにしても、問題の日付をわずか一日だけ過ぎて死んでしまうのだから、いかに人間の生命力が内面に依存しているか、それを雄弁に示したエピソードではある。他にもフランクルは、特に悪天候だとか伝染病などが生じたわけでもないのに、クリスマスから新年にかけて大量の死者が出ていることに気づき、その理由として、クリスマスまでには釈放されたいという希望が打ち破られたためではないかと推測している。

このように、外的な希望は、一時的には励みになるかもしれないが、残念ながら当てにはならない。実際、収容所では、もうすぐ解放されるという噂《うわさ》が何回も流れたというが、そのたびに裏切られたのである。やがて囚人たちは、どんな希望も信じられなくなってしまうのだ。

「もう人生には、何の期待もできない。人生に生きる意味はない」

こうして、精神的な支えは崩れていき、彼らは絶望のどん底に追い込まれていったのである。

だが、極限の状態では、精神的な支えを失ったら生きていけないのだ。押し寄せる圧倒的な絶望感と戦い続けた希望が、ついに力尽きて死んだとき、人も倒れてしまうのである。

あるいは文字通り、希望と共に自分自身を〝捨ててしまう〟のだ。そんな囚人をフランクルは目撃している。その囚人は、朝になっても横たわったまま動かない。懇願しても威嚇しても、殴打しても無駄である。殺されるなら殺されるままになる。糞尿を垂れ流しながら、ただ横になって死ぬのを待つだけになるというのだ。

だれも、こうはなりたくない。

しかし、収容所にはいかなる希望もないのである。

ならば、いったいどうしたらいいというのか?

■未来には、あなたによって生み出される何かが待っている

生命の本性は、いうまでもなく「生きること」である。いかに理性が絶望を感じても、胸の奥に潜む生命は、生き続ける意志を否定することはない。生きることが至上命題だからだ。

そこで生命は、自らの知恵を総動員し、絶望の中でも何とかして「生きる支え」を捜し求め

る。もちろんこれは無意識的にである。その結果、ついに頭の中で何かがはじけるのだ。

「そうだ。人生に期待するのは間違っているのだ。人生の方が、私たちに期待しているのだ!」

フランクルはこれを「人生の問いのコペルニクス的転換」と呼んでいる。天が自分のために回ることを期待するのではなく、天のために、すなわち宇宙を運行させるために、自分自身が回るのだという、逆転の発想なのだ。

人生に期待しないから、もはや絶望することはない。精神的な支え、生きる希望と拠り所は、不安定な外的条件に依存しない自分の内面に、その確固たる地盤が築かれる。

フランクルは、人生に何の期待もできないので自殺するつもりだった二人の囚人を説得し、生きる意志を呼び起こさせている。

「未来には、あなたによって生み出される何かが待っている。人生は、あなたがそれを生み出すことを期待しているのだ。もしもあなたがいなくなれば、その何かも、生まれることなく消えてしまうのである。人生は、あなたがそれを生み出すのを待っているのだ」(A186)

事実、ひとりの男性には、深い愛情を寄せている一人の子供がおり、外国で彼の帰還を待っていた。またもうひとりは、科学者として本のシリーズを書いていたのだが、それがまだ途中で、その完結が待たれていたのだった。

視点を変えれば、子供にとって、あるいは未完の本にとって、その囚人は代替不能のかけがえのない存在だったわけだ。自分を待っているそんな人、あるいはそんな仕事を無視し、自分の生命を勝手に断ち切ることはできないだろう。フランクルは次のように語る。

「待っている人、あるいは待っている仕事への責任を自覚した人間は、生命を放棄することは決してできない。また、ほとんどいかなる困難にも耐えられるのである」(A187)

もちろん、苛酷な収容所から無事に生還し、愛する子供に再会できるかどうか、あるいは本を完結できるかどうか、それはわからない。可能性としては極めて低いといわざるを得ない。だが、人生に期待することをやめた人間は、どんな結果であろうと受け入れる覚悟ができている。結果は問題とならない。それよりも大切なのは、自分の責任を果たすべく、全力を尽くすことだけだ。結果よりも行為そのものに意識を向けるようになる。

そうすれば、たとえ途中で力尽きたとしても、待っていた子供は悲しむだろうが、再会しようと懸命に努力した自分を責めることはないだろうし、誇りにさえ思うかもしれない。未完に終わった本のシリーズに目を通す読者にしても同じであろう。

けれども、自らの責任を途中で放棄してしまったら、その痛恨と無念さは、子供の心、読者の心に、癒しがたい傷を残すに違いない。

「人生は、結果の責任まで人間に要求したりしない」とフランクルはいう。

人生というチェスは、必ずしも勝つことを望んではいない。だが、途中で投げ出したりせず、最後までゲームをやり通すことを望んでいるというのだ。

■本当に強い人は、繊細な内面性を必ずもっている

内面の基盤を確立し、一切の外的条件に依存せず、行為そのものに意識を向ける生き方は、すでに宗教的とも呼べる境地に達しているといえそうだ。

そういう人は、閉塞された絶望的な外的状況にあっても、内的な自由と豊かさの中に精神を放つことができるだろう。そして何よりも、自分によって生み出される価値ある何か――人であろうと仕事であろうと――が未来に待っていること、要するに「自分は必要とされている」という自覚を呼び起こし、彼の生命力を増強させることができるであろう。換言すれば、ロゴスの生命エネルギーを呼び覚ますのは、そういう自覚であることがここでわかるのだ。

仮にそれを、月並みな表現を使って「使命感」と呼ぶなら、使命感を自覚した人間ほどバイタリティ溢れる者はいない。使命感がロゴスのエネルギーを心身に流し込ませるからである。

もちろん、すべての囚人が、これほどの内的な深みに到達できたわけではない。

こうした心境を確立させるには、それなりの豊かな精神性が求められるからだ。宗教的な素質、繊細な感性や内省的な傾向、精神的な事物への理解力といったものが、内的変容には必要とされるに違いない。

ところが、こういうタイプの人は、一般にひ弱そうに見られることが多い。

たとえばフランクル自身、最初の選別でガス室行きを指示されたわけだし、また後には、囚人仲間から「このバラックにいる者のうち、今度の選別で選ばれるのは君だけだろうよ」といわれたこともあるのだが、それほど彼の体格は、ひ弱そうに見えたようである。

ところが、ロゴスのエネルギーがいったん入り込むと、筋骨たくましい大男をはるかに凌駕《りょうが》するバイタリティと耐久力を発揮し、収容所の極限にも耐え抜いてしまうのだ。本当に強い人は、繊細な内面性を必ずもっているものである。フランクルは次のようにいっている。

「こうして、繊細な性質の人間が、しばしば頑丈な身体の人々よりも、収容所生活をよりよく耐え得たというパラドックスが理解されるのである」（A121）

【6】

倒れそうな建築は、屋根に重荷を乗せるとしっかりする。人間も、負担を背負った方が強い。

——生命エネルギーを覚醒させる四つの知恵と美の体験——

■生き延びるための唯一の手段

強制収容所での生活というぎりぎりの極限状況では、囚人の目的はただひとつ、生存することだけである。

「あらゆる行動とそれに伴うすべての感情生活は、唯一の課題、すなわち、ただ生存を維持するということに集中するのである。この、ただ生きるということが、自分の、そしてお互いの唯一の目的であったのだ」（A110）

そのため、囚人の関心は、もっぱら食べること、寒さを避けること、条件のいい労働グループに配属されること、カポーと良好な関係を築くこと、このようなことばかりだったという。

何とも情けない関心事ではあるが、これらが生死を分けてしまうのだから仕方がない。とにかく生体（生命）は、そのもてる可能性をフルに発揮し、生存のためのあらゆる手段を講じるようになる。

しかし、何といっても効力を発揮するのは、ロゴスを呼び覚まし、その生命エネルギーを獲得することなのだ。こうして囚人たちは、（もちろん無意識的にだが）ロゴスを呼び覚ますためのあらゆる手段を模索するようになる。というより、追い詰められた状況で〝模索させられた〟というう方が正しいだろう。彼らは、体験的につかんでいった。ロゴスを覚醒させるために、肉体的にはどうあるべきか、また、精神的にはどうあるべきかを。

同じアウシュヴィッツの体験をもつノーベル平和賞作家エリ・ウィーゼルは、その自伝『夜』において、いくつかの重要な手掛かりを暗示している。（※3）

父と収容所生活を送っていた、当時十五歳だったウィーゼルは、病気になった父を「足手まとい」に感じた自分を恥じながらも、親衛隊の軍医が語った言葉に心を動揺させてしまったと告白する。

「ここでは、だれもが自分のことだけを考えなければならないんだ。他人のことなんか考えては生きていけないんだよ。君は、お父さんに配給された食料まで食べてしまうべきなんだ」

ところがウィーゼルは、輸送貨車の中で、わずかなパンのかけらを奪って殺し合いを始めた別の父子を目撃したのである。悲しい修羅場が展開され、後に残されたのは、父と子の二つの死体であったという。

明言してはいないが、ウィーゼルはこのエピソードを伝えることで、「他人のことを考えては生きていけないんだ」とする軍医の言葉を否定しようとしたのかもしれない。そんな気持ちを起こしたら、相手も自分も滅びてしまうことを訴えたかったのではないか？

そうでなければ、彼が収容所に連れてこられて最初に耳にした責任者の言葉を、こうも鮮やかに紹介してはいないだろう。

バラックの秩序維持責任者で、同じ囚人の若いポーランド人はこう語ったそうである。

「同士諸君、長い苦難の道が待ち受けています。しかし、勇気をなくさないでください。力を寄せ集めて希望をなくさないでください。生(生命)を信頼してください。限りなく信頼してください。絶望を追い払えば、諸君から死を遠ざけることができるのです。地獄は永劫に続くものではありません。諸君の間に同士愛が支配しますように。私たちはみんな兄弟であり、同じ境遇を耐え忍んでいるのです。お互いに助け合ってください。これこそ、生きのびるための唯一の手段なのです」

これほどの非人間的な状況におかれながら、これほどの人間的な言葉が出てくることは、まさに驚きである。これは、苛酷な状況を通してつかみ取った生きるための知恵だ。

すなわち、勇気、希望、信頼、愛である。

これらはまさに、ロゴセラピーを支える骨子そのものでもある。この短い演説の中に、フランクル思想の全エッセンスが入っているといっても過言ではない。私たちは、勇気によって、希望によって、信頼(信仰)によって、そして愛によって、ロゴスを呼び覚まし、いかなる逆境にも耐え抜けるような生命力を発揮することができるのだ。

特に、最後の「愛」がもっとも重要であることは、フランクルはもちろん、他の体験者も共通して述べている。フランクルは、こちらでは優しい言葉、あちらでは最後のパンの一片を与えて通っていく人の姿を幾度も見かけたという。また、やはり心理学者で、アウシュヴィッツに収容されていたルーシー・アデルスバーガーも次のように語っている。(※4)

「自分自身がすでに飢えに苦しんでいるにもかかわらず、配給のパンを売ってジャガイモを買い、死にかけている仲間に最後の幸福感を味わってもらおうとした人たちがいました」

一方、子供の頃にアウシュヴィッツを体験したある人も、冷たい風が吹く中、知らない大人たちが身体を使って強い風を遮ってくれた思い出を語っている。

自ら痛みを味わった者だけが、他者に対する深い愛をもつに至る。苦しみは人のロゴスを覚醒させ、人間らしくさせるが、逆にまた、自らを忘れ愛する行為に没頭することで、ロゴスは目覚め、苛酷な状況でも生き抜く生命の叡知と力をよみがえらせることができる。

真実は、「自分のことだけを考えたら生きていけない」ということなのである。

■「衣食足りて礼節を知る」ことはない。衣食足りずに人間性はよみがえる

こうした驚くべき内的変容が、囚人たちの間に起こった。

皮肉にも、人間性を徹底的に否定する目的で建てられたはずの強制収容所において、囚人たちはもっとも「人間的に」なったのだ。俗に「衣食足りて礼節を知る」などというが、これは違うのかもしれない。真の礼節、すなわち人間らしい振る舞いは、衣食を失ってこそ生まれるのではないか？

「衣食足りずに礼節を知る」。これこそが真実ではないのだろうか？

フランクルは、「丸天井の重荷」という比喩をしばしば使う。すなわち、ガタがきて倒れそうな丸天井の建築は、その屋根に重荷を乗せると、かえってしっかりと安定する。同じように、倒れそうな人間も、負担を背負うことで、前よりしっかりと安定して強くなるというのだ。

とはいえ、人情としては、負担や苦しみなどは避けて通りたいと思う。本当に負担を背負うことで、人間は強くなるのか？　それに対してフランクルは、次のように語りかけている。

「自分の胸に、正直に聞いてみていただきたい。過去の人生から、たとえば恋愛経験から、悲しい要素だけを消してしまいたいかと。苦しみ悩んだ出来事が、すべてなかったらよかったと

思うだろうかと。たぶん、ノーというだろう。いやな時期だったとしても、ちょうど人生のこの時期に、自分が精神的に成長し、成熟したのだとわかっているからだ」（L69）

ところでフランクルは、こうした内的変容に伴い、芸術や自然に関するきわめて強烈な感性も目覚めたと報告している。

たとえば、労働で死んだように疲れ、バラックの土間に横たわっているときでさえ、仲間が飛び込んできて、極度の疲労や寒さにもかかわらず、日没の光景を見逃すまいと、急いで外に来るように求めたというのである。（A127）

「われわれは外で、西方に暗く燃え上がる雲を眺めた。幻想的な形をした雲が、青銅色から真紅に至るこの世のものとは思えない色彩で、さまざまに変化していく光景を見つめた……」

感動の沈黙が数分続いた後に、だれかがこうつぶやいたという。

「世界って、どうしてこんなに美しいのだろう！」

一方、ゲルタ・ワイスマンという女性は、点呼のために何時間も立ち続け、飢えと疲労のために気を失いそうになったとき、驚くべき発見をしたと語っている。（※4）

「壊れたコンクリートの片隅から一輪の花が顔を出しているのに気づきました。毎朝、何千人もの人たちが脚を引きずるようにして歩きながらも、その花を踏まないようにしているんです。私は、美や芸術を堪能するために強制収容所に入るようになどと、いっているわけではありません。でもそこには、信じられないような瞬間があったのです」

常識的に考えれば、〝極度の疲労や寒さにもかかわらず〟美しい光景を見に飛び出したり、自らの生命さえ危ない状況の中で一輪の花を踏まないようにして歩くことなど、まったく想像できないことだ。単なる美の鑑賞などという問題ではないことは確かだ。飢えた人間がパンを求めて外に飛び出すのと同じくらい、強い欲求があったとしか思えない。

いったい、それは何なのか？

美ということが、生死にかかわる状況にもかかわらず、そんなにも重要なことなのか？

囚人たちは、世界の本質がこんなにも美しかったこと、また一輪の花の生命がこんなにも美しく、愛しい存在だったことを、おそらくは人生で初めて気がついたに違いない。極限の苦悩を通して、人間が本来もっている美に対する感性を取り戻したのである。

本来もっている感性、すなわちロゴスに、彼らは目覚めたのだ。

生命の根源であり、愛の根源であり、美の根源でもあるロゴスに。

それはまさに人間の本質であるがゆえに、囚人たちは、愛に、そして美に、強い欲求を覚え、それを求めないではいられなかったのだ。そしてまた、求めることで、彼らは生命の炎を強くし、苦悩を乗り越える力を得たのである。

【7】深刻なときほど笑いが必要だ。ユーモアの題材を捜し出せ。そこに現状打開の突破口がある。

――閉塞状況を打ち破るユーモアの効用と自己距離化――

■ジョークを愛したフランクル

絶体絶命の状況に陥ると、生き抜く力を得ようとして、人は本能的にロゴスを呼び覚ます行動を取る。それは他者への思いやりであったり、美の感受であったりする。しかしながら、そうした可能性を開くには、固定化されない柔軟で広い視野、ひらたくいえば「心のゆとり」が必要である。

周囲を高電圧の鉄条網で囲まれ、豚のように扱われ、ひどい言葉で罵倒され、こん棒で打ちのめされる毎日。考えることといえば、今晩のスープにじゃがいもが少しでも浮いていないか、よく慣れた作業場に配属されるか、怒りっぽい監督の下で殴られないかと、そんなことばかりである。そのため囚人たちは、身体的にも精神的にも、文字通り非常に狭い空間に閉じ込められてしまう。限定された思考、価値観、視点だけで意識が占められ、ロゴスのエネルギーの入り込む余地がなくなってしまうのだ。

そこで、視野を広げること、視点を変えることが重要になってくるわけである。

そして、そのために絶大な効果を発揮するのがユーモアであると、フランクルはいう。強制収容所という深刻な環境においてユーモアが飛び交うというのは、何ともミスマッチな気もするが、しかし深刻だからこそユーモアが必要だったともいえるのだ。

「ユーモアもまた、自己維持のための闘いにおける心の武器である」（A131）どんな状況に置かれても、笑える題材は捜し出せるものである。またそうすることで、現状を打開する突破口が見えてくることも多い。

ユーモアには、意外な視点から物事を描写したり、表現するといった特徴がある。しかもその結論は不合理である。そのため私たちの脳では、ふだん使用しない細胞領域が刺激を受け、不合理な論理によって神経細胞間の連結パルスが混乱をきたし、ある種の痙攣という形で、収まる場所を失ったエネルギーが発散させられる。それが「笑い」である。

したがって、笑いとは、がんじがらめにされた意識が、いくぶんなりとも解放されたしるしだといえるわけだ。換言すれば、自分自身や自分の人生を、異なった視点から観察できる柔軟性や客観性が生まれたということである。

フランクルはそれを、「自己距離化」と呼んでいる。

自己距離化が行われないと、つまり、閉塞された自己内部の思考だけにとどまっていると、収容所のような極限状態では、ますます絶望に落ち込んでいくことになるのだ。固定化されたものの見方や考え方しかできなくなるため、一度絶望に陥ってしまうと、すべてが絶望的に思えてしまう。そして、その行く末は自殺ということにもなりかねない。

そこでフランクルは、囚人仲間との間で、なるべくユーモアを出すように努めたという。

「私は工事場で一緒に働いていた同僚に、少しずつユーモアをいうように教え込んだ。少なくても一日にひとつ、愉快な話を見つけることを互いの義務にした」(A132)

たとえばそれは、こんなジョークであった。将来、収容所から解放されて普通の市民に戻っても、だれかの家の夕食に招かれたとき、「あの、すみませんが、じゃがいもが半分お皿の中に泳ぐように、スープを底の方からすくっていただけませんか?」などと懇願するのではないかしら……。

もっとも、フランクル自身、もともとユーモア好きな性格だったようで、大学などの講演でも駄洒落《だじゃれ》をよくいっていたようである。ユーモアや洒落には、物事の本質をチクリと指摘して人に気づかせる効果がある。そんな風刺的な一面を好んでいたのであろう。

次に紹介するのは、いずれもフランクル自身が紹介しているジョークである。（N40）

ある男が、頭痛、頭部の鬱血、ひどい耳なりのために、精神分析医のもとに向かった。途中、ワイシャツを新調するために店に入った。店員が尋ねた。

「首回りは？」

「四十二だ」

「四十三の方がいいですよ。悪いことはいいませんから」

「四十二だ。つべこべいうな！」

「わかりました。でも、そのうち頭痛がして頭が鬱血し、耳なりがしてくるかも知れませんよ」

フランクルは、これは心身医学を皮肉ったジョークだといっている。ある症状が、非常に複雑で重そうだと、その原因も複雑で、高度な治療技術や専門医が必要だと思ってしまう。だが、原因はもっと身近で単純、あるいはまったく予想もしないところにあるかもしれない。それに気づかず、仰々《ぎょうぎょう》しく精神分析医のもとへ行こうとするところが、このジョークのおかしさである。

ナチス親衛隊の将校が汽車の中でユダヤ人の向かいに座っていた。ユダヤ人は包みからニシンを取り出して食べ、頭だけを残すと、それを再びしまい込んだ。将校は尋ねた。

「なんでそんなことをするんだ？」

「頭には脳みそがある。持って帰って子供に食べさせれば、頭がよくなると思ってね」

それを聞いた将校は、ニシンの頭を一マルクで買い取って食べた。五分後、彼は怒り出した。

「豚野郎！　ニシン一匹十ペニッヒだっていうのに、よくも頭を一マルクで売りやがったな！」

ユダヤ人は平然と答えた。

「おわかりかな。そろそろ効いてきたようじゃ……」

これは、薬物精神医学を皮肉ったジョークだという。同じような例として「俺は利口だ。なぜなら俺は自分が馬鹿だと知っているからだ」というのがある。頭が堅いと、自己矛盾した論理に気づかず、そのまま信じ込まされてしまう危険があるわけだ。

ある男が、早朝から鳴くニワトリのおかげで不眠症にかかった。
そこで男は、薬局から睡眠薬を買ってきた。
そしてその薬をニワトリに飲ませた。男の「不眠症」は治った。

病気（あるいはどんなトラブルであれ）を治療するには、必ずしも直接の原因だけに目を向ける必要はない。因果関係のある間接的な原因に着目する道だって考えられるのだ。

■イマジネーションを使って未来の自分自身を見つめる

ユーモアとは、自分自身を客観的に見つめさせる「自己距離化」の、ひとつの技法である。それによって閉塞状態を打ち破り、ロゴスの生命エネルギーが流れる通路を開くのである。

ユーモアの他にフランクルが勧めているものとしては、「瞑想」がある。

現代社会に生きる私たちは、慌ただしく緊張を強いる生活によって過剰な刺激を受けており、自分自身とその生き方について、静かに内省する感覚が麻痺している。瞑想は、そんな状態から自分を解放し、自己距離化に必要な心のゆとりをもたらしてくれるという。

「瞑想の機会を利用することによって、人は、産業化社会のあまりにも重すぎる活動的な生活への強調を埋め合わせようとしている」（O119）

ただし、瞑想を行うには「自分ひとりで存在する勇気」が必要だという。フランクルはそれを「創造的な孤独」と呼んでいる。瞑想とは、ひとりで行う内的な創造活動だからである。

フランクル自身、強制収容所において、次のような瞑想的手法による自己距離化を試みている。それは、ひどい寒さと氷のように冷たい風の中、破れた靴をひきずり、泥だらけの傷ついた足の痛みに泣きながら、遠く離れた作業場までよろめき歩いているときだったという。

絶え間なく悩ませる無数の問題に、とうとう我慢できなくなり、そこから避難するために、イマジネーションを使って未来の自分自身を見つめたというのだ。

「突然、私は明るく照らされた、美しくて暖かい大きな講演会場の演壇に立っていた。前にはゆったりしたクッションの椅子に腰掛けながら、興味深く耳を傾けている聴衆がいた。私は語り、強制収容所の心理学について講演をしたのだった」(A178)

こうした試みの効用について、フランクルは次のように語っている。

「このトリックを使い、自分自身を現在の環境、現在の苦悩から超越した視点に置くことができた。あたかもそれが、過去の出来事であるかのように見ることが可能になったのだ。また苦悩する私自身を心理学的、科学的探究の対象として見ることができたのである」(A178)

ちなみに、このときフランクルが浮かべた講演のイメージは、強制収容所から解放されてまもなく、現実のものとなっている。

【8】

人は、自分の中の愛を目覚めさせてくれる人を愛する。愛の中に本当の自分を発見するから。

――究極の真理に遭遇したフランクルの超常的意識体験――

■時空を越えて妻の精神と交流する

まだ暗闇の早朝、労働中隊は今日も作業場に向かった。雪をかきわけ、凍りついた道を滑り、つまずき、ひっくりかえり、監視兵に殴られ、罵倒されながら……。

うんざりするような数キロもの道のりを、一団は黙々と歩いていった。氷のように冷たい風に襟《えり》を立てながら、仲間のひとりがつぶやいた。

「なあ、もしもわれわれの女房が、こんな姿を見たとしたら！　たぶん彼女たちの収容所はもっとましだろう。われわれのこんな状態を、女房たちが知らなければいいんだが……」

収容所では、手紙その他、連絡のやりとりはいっさい許されていなかったので、家族がどこにいるのか、生きているのか死んでいるのかさえ、まったくわからなかったのだ。

フランクルは空を見上げた。星の光が薄れ、暗い雲の背後から朝焼けが始まっていた。するとと突然、目の前に、妻ティリーの姿が現れたという。

「私の精神は、以前のまともな生活では決して経験したことのない、驚くほど生き生きとした想像の面影《おもかげ》によって満たされた」(A123)

幽霊でも見たのだろうか？　そうではないようだ。本人は「想像の面影」だといっている。ただしそれは、かつて経験したことがないほど鮮明で、生き生きしていたというのである。

おそらく、このときフランクルは、通常を越えた意識レベル、いわゆる「変性意識」の状態にあったのだと思われる。冒頭で紹介した登山家シュルタイスも、あの事故の際、同じ状態を経験したのだ。すなわち、意識が冴えわたり、視覚その他の感覚が鮮明になるのである。

「私は妻と語った。彼女が答えるのを聞き、彼女が微笑むのを見る。私は、彼女の励まし勇気づけるまなざしを見る……」(A123)

変性意識の状態では、しばしばトランスパーソナルな知覚、すなわち、個的存在の限界を越えた超感覚的な知覚が目覚めるといわれる。それが事実なら、フランクルは単なる想像ではなく、実際にティリーの精神と、時空を超えて交流していた可能性もあるのだ。

「ますます強く、彼女が今そこにいるのを感じるのであった。まるで彼女を抱くことができるように思い、彼女をつかむには手を伸ばせばいいかのようである。まったく強く、その感情は私を襲うのであった。彼女はそこにいる！　そこに！……」(A128)

だが、こうしたティリーとの精神的交流は、さらなる「根源的存在」と接触するための、いわば入り口にすぎなかったのである。

ティリーという女性は、フランクルに物事の本質を見つめさせる資質をもっていた。事実、フランクルの彼女への愛は、その美しい容姿（身体）ゆえにではなく、それを超え、本質としての「精神」に向けられていたのである。

そして今、彼女は、自らの精神さえも媒体として、さらなる本質にフランクルを導こうとしていたのだ。

■もっとも悲惨な状況でも自分自身を満たすことができる

ティリーのまなざしは、昇りゆく太陽よりも明るく、フランクルの心を照らし出した。

そのときである。暗天の裂け目から射し込む一条の光のごとく、彼の脳裏に輝かしい霊感が飛び込んできた。フランクルは心の中で叫んだ。

「そうか。これこそが人間の思想と詩と、そして信仰とが表現すべき究極の意味だったのだ！」

真実を把握したという、揺るぎない確信が全身に広がっていった。それは何か？

「それは、愛による、愛の中の被造物の救いであった」(A123)

フランクルは、ティリーの瞳の奥にロゴスを見たのである。彼はこういっている。

「究極的、本来的には、ロゴスと愛とは、同一の、存在そのものの両面に他ならない」(G112)

被造物である人間は、愛によって、すなわち、ロゴスによって救われる。これこそが究極の意味だということを、直感的に知覚したのだ。この直知体験は、フランクルにとっては宗教的回心ともいうべきものだったといえよう。

「収容所という、考え得る限り最も悲惨な外的状況、ただ苦悩に耐えるしかない状態におかれても、人は愛する者の精神的な像を描いて、自らを満たすことができるのである」(A124)

人間は、愛する者との精神的な交流によってロゴスに到達し、ロゴスを呼び覚ます。彼はこういいたかったのだろう。そして次のように宣言している。

「愛こそが、人間存在を高いレベルにもち上げる最後にして最高の真理だ……」(A123)

作業場に到着したフランクル一行は、スコップやツルハシで地面を掘り始めた。

「早くしないか。この豚犬ども！」

カポーの怒号が飛び交う苛酷な作業中も、フランクルは妻との対話を続けていた。

いや、正確にいえば、妻の本質である「精神」と交流していた。そのため、フランクルが次のように語ったとしても、それほど奇妙な印象は受けないだろう。(A125)

「彼女が生きていようと死んでいようと関係はなかった。そのことを知る必要はなかった」

人間という存在は、肉体の死によって消滅したりはしない。人間の本質は肉体ではなく、生死を超えた「精神」である。精神は永遠不滅の存在であり、肉体は単に、精神が物質次元に投影された分身にすぎない。フランクルはそう確信していた。

したがって、妻ティリーの精神（本質）と直接にコンタクトしている今、「分身」がどうあろうと、お互いの交流に際しては何の障害にもならなかったのである。

「たとえ彼女が死んでいると知っていても、私はそれにかまわず今とまったく同様に、この愛する直視に心から身を捧げることができたであろう」（A125）

人間の究極の姿はロゴスである。人間の精神とロゴスはひとつの線で結ばれているのだ。だからこそフランクルは、愛する直視によって、ティリーの精神の彼方にロゴスを見たのである。私たちは愛を通して、遠く離れた人とも時空を超えて結ばれるのであろう。また愛する直視によって、物事の背後に潜む究極の真理をとらえることができるのかもしれない。

おそらく私たちは、相手の中にロゴスを見ない限り、つまり本質を見ない限り、その人を真に愛することはできないように思われる。なぜなら、個々バラバラになった私たちをひとつに結び付け、一体感としての愛を享受するためには、本質的に共有するものがなければ不可能だからである。そしてそれは、ロゴスしかないからだ。

表現を変えるなら、私たちは自分の中の愛を目覚めさせてくれる人を愛するのかもしれない。なぜなら愛こそが、万人の共有する本質としてのロゴスであり、それにより相手の中に自分自身を見いだすからである。そのときはじめて、自他の区別なき一体感を覚えるのだ。

真に愛し合う関係であれば、お互いの中にロゴスを見る。また自分自身を見る。私たちはそんな関係を通してロゴスを発見し、ついにはロゴスとひとつになるのであろう。

ティリーという女性は、フランクルにとって、まさにそんな存在だったのである。

彼はこのようにして、体験的につかんだのだ。

この世界は、愛が主軸になっていることを。

それを人々に訴えることが、ロゴセラピーの使命だということを。

【9】信じてもダメかもしれないが、信じなければ、実現するものもしなくなる。

——一難去ってまた一難。生死の境で自らの使命と責任を果たす——

■強制収容所で「とても幸福だった」ことは？

やがてフランクルは、アウシュヴィッツから別の収容所に輸送されることになった。行く先は知らされていない。囚人たちは、ガス室のあるマウトハウゼンに行くのではないかと不安を抱いた。だとしたら、ほとんど殺されに輸送されるようなものだからだ。

貨車は、例によって全員が座る余地もないほどぎゅうぎゅう詰めで、ほとんどの者は二日三晩の間、立ちっぱなしであった。ごく少数の者だけが、尿で濡れた藁《わら》の上にしゃがむことができた。

囚人たちの疲労は極限に達していた。

ところが、貨車の行く先が、ガス室のないカウフェリング第三収容所だとわかったとき、囚人たちは文字通り踊りながら喜んだというのだ。その喜びがいかに大きかったか、フランクルは「自ら味わった人でなければとうてい想像できないだろう」とまでいっている。

収容所に到着すると、すぐに長い点呼が行われた。

このとき、ひとりだけ深い睡眠に陥って点呼に出なかった者がおり、懲罰として全員が、冷たい風雨の中を徹夜で立たされることになった。身体はびっしょり濡れて冷たくなったが、それでも囚人たちの喜びの興奮は冷めなかったという。

フランクルは、こうした例を引き合いにして、地上の幸福とはしょせん、相対的なものだといっている。たとえば、普通の刑務所の隊列が通り過ぎるのを見たとき、彼らを羨《うらや》ましく思ったというのだ。(A136)

「彼らは規則的に入浴の機会をもち、自分の歯ブラシも衣服ブラシもベッドもあり、郵便を受け取って家族の様子を知ることができるし、何よりも家族はちゃんと生きているからである」

また、野外の作業場で働く囚人にとって、工場などの室内で作業できる者は羨望の対象になったというし、野外で作業する者のうちでも、険しい岩壁の上での命懸けの重労働や、非人間的な看視兵のいる労働中隊にまわされた者は、そうでない者を羨んだという。

フランクルは、ひどい鞭打ちを課す看視兵のもと、疲労で死ぬ寸前まで重い労働をさせられることになった。そのため、次々と希望の最低レベルを更新しないと、何の「幸福」も感じられないまでに相対性が下がっていったという。

「ちょっとでも脅かされることがなければ、それだけで運命に感謝した。たとえば夜、横になる前にノミをとることができれば、もうそれで喜んだのである」（A138）

こうした生活で体調を壊したフランクルは、四日間の静養生活を送ることになる。といっても、地面の上の堅い板の上に、仲間と一緒に身体をくっつけて横になるだけである。しかも、ただでさえ少ない食事の量がさらに減らされたのである。

にもかかわらず、労働のため外へ出て行進しなくてもいいこと、点呼に出なくてもよかったことがとても満足で、フランクルはそれを「とても幸福だった」とまでいっているのだ。しかし、静養期間が過ぎれば、再び苛酷な労働中隊への配属が決まっていた。その労働中隊で働かされたら、今度こそ力尽きて死んでしまうだろうと思ったという。

ところが、死を覚悟していたフランクルのもとに、突然、発疹チフスが蔓延しているテュルクハイム収容所に、医師として志願しないかという声がかかったのである。

一見すると幸運のように思われる誘いだが、実は過去にもこうした呼びかけがあり、志願して輸送された者が、そのままガス室に送られたこともあった。そのため、同僚の囚人たちはみんな強く反対したが、フランクルは迷う事なく志願したという。

「どうせ死ぬのなら、医師として少しでも仲間を助ける可能性にかけた方が、このまま役立た

ずの土工をして衰弱して死ぬよりは、はるかに意義があったからだ」(A141)

同僚たちは、もうこれがフランクルの最期だといわんばかりに、別れの挨拶を述べたという。

フランクルもまた、死を覚悟して、仲間のひとりに次のような「遺言」を残している。

それは、愛妻ティリーに当てたものだった。

「もし私が戻ってこれなかったら、そして君が彼女に再会できたら、こう伝えてほしい。第一に、毎日彼女のことを話していたということ、第二に、彼女ほど愛した人はいなかったということ、そして最後に、彼女との結婚生活、それは短い期間だったけれども、その幸福は、ここで体験したすべての苦しみを償っても、なお余りあったということを……」(A149)

■死の絶望からフランクルを生き残らせたもの

こうしてフランクルは、カウフェリング第三収容所を後にした。

だが、彼の決断は正しかった。この収容所は、その後まもなく大変な飢餓に襲われ、人肉まで食べるという凄惨な地獄が展開されたからである。最期はナチスによって火がつけられ、囚人たちは生きたまま焼かれて殺されたのだった。フランクルは危機一髪のところで助かったのである。

とはいえ、彼を待ち受けていたのは、また別の危機的な状況であった。

やってきたテュルクハイム収容所で、フランクル自身が、重い発疹チフスに侵されてしまったのである。高熱にうなされ、ひどい苦しみを味わい、今度こそダメだと思い、深い絶望を味わったという。

しかし彼は、このとき自分自身にこう言い聞かせたに違いない。

「自らの未来を信じることのできなかった人間は収容所で滅亡していった。未来を失うと共に彼は拠り所を失い、内的に崩壊し、身体的にも心理的にも転落したのである」(A179)

フランクルは何を始めたか?

熱にうなされながら、四十歳の誕生日に囚人仲間がくれた短い鉛筆と紙切れ数枚に、失われた原稿『医師による魂の癒し』(邦訳『死と愛』)を再現する作業にとりかかったのである。

すでに紹介したように、かつてフランクルは次のように決意した。

本を出版するよりも、その本に書かれてある生き方を自ら実践し、模範として生きることの方が、はるかに重要で意味があるのだと。事実、あれからそう生きてきたに違いない。

それ以前の彼は、学者としての名声欲や出世欲とまではいわないにしても、あくまで自分の人生を意味あるものにするために、ロゴセラピーの本を出版したいと思っていた。

だが、幾多の絶望や試練を乗り越えて磨かれた人間性、ロゴスとの接触という宗教的体験により、すでに内的変容を遂げていたであろうフランクルは、以前とは違う動機で執筆を始めたものと思われる。

それは、ロゴセラピーが人類にとって有用だからという動機である。

人類に貢献する何かを生み出す可能性をもつ者の「責任」を自覚したともいえよう。

すなわち、もしも自分の死と一緒にロゴセラピーが消えてしまったら、ロゴセラピーによって救われたかもしれない数多くの人たちの未来まで奪うことになる。

そんなことが許されるのか？　自分として、できる限りのことをするべきではないのか？

未来には、自分によってこの世に生まれるのを待っている何かがある。ロゴセラピーは私を待っているのだ。勝手に、その誕生を放棄していいはずがない。

もちろん、私は力尽きてしまうかもしれない。だが、未来のことはだれにもわからない。自分としてはただ、自分の生命を信じて、限りなく信じて、全力を尽くすだけではないのか？

信じてもダメかもしれないが、信じなければ、実現するものもしなくなるであろう。実現できたはずのことを、実現させずに終わらせてしまったら、人間存在として責任を問われることになるだろう。ならば、自分自身への信頼（信仰）をもつことは、人間としての責任の現れであり、義務とさえいえるのではないのか？……。

こうしてフランクルは力を振り絞り、なおも苛酷な運命に挑み続けた。

しかし困難な状況は続いた。発疹チフスが峠を越すと、今度は呼吸障害に見舞われ、痛みのために息ができなくなったのである。深夜、フランクルは、主治医のいるバラックに助けを求めにいこうとした。監視塔の兵士に見つかれば、機関銃で蜂の巣にされることは必至だった。かといって、このままでは死んでしまう。絶体絶命の中、百メートルほど離れたバラックまで、フランクルは漆黒の闇の中をアザラシのように這っていった。そうして何とか一命を取りとめたのである。

それにしても、これほどの危機的状況に見舞われながらも、それを乗り越えた生命力は、いったいどこからきたのだろう。やはり、ロゴセラピーを世に残そうという使命感がロゴスを呼び覚まし、その生命エネルギーを受け入れたからではないのだろうか。

事実、フランクルはこう回想している。(N131)

「失った草稿を再構成しようという決意が、明らかに私を生き残らせたのだと確信している」

【10】苦しみ悩むのが人間なのではない。苦しみ悩むからこそ人間なのだ。

——苦悩の果てに人間がつかむ意味——

■私をこんな目に遭わせた運命に感謝しています

フランクルが強制収容所に送られて三年近くが過ぎようとしていた。

彼をはじめ、囚人たちが異口同音にいうには、一日が過ぎるのは異様に長く感じるが、一週間はすぐに過ぎてしまう。「一日は一週間より長い」のだそうだ。

ならば、三年という月日は、彼にとって、あっという間だったのだろうか?

強制収容所という、およそ考えられる限りの絶望的地獄、その極限状態にもかかわらず、いや、だからこそ、というべきなのかもしれないが、私たちは、人間が宗教的境地へと内面を深め、美に対する感性に目覚めるのを見た。たとえそれが少数派だったとしても、彼らが人間の本当の姿、その精神的本性の高貴さを立証したことはいうまでもない。

「私をこんな目に遭わせた運命に感謝しています」

フランクルは、強制収容所で死の床にあった若い女性の思い出を伝えている。(A 170)

「だって、以前は何不自由ない生活で甘やかされ、真剣に精神的望みなんか、追ってはいなかったんですもの。今はどんなことがあっても幸せです。すべてが真剣になりました。本当の自分を確かめることができますし、そうしないではいられないのです……」

小さな窓の向こうには、ロウソクのような花をつけたカスタニエンの樹が一本見えた。

「あの樹は、ひとりぼっちの私の、たったひとりの友達なの」

彼女はぽつりとつぶやいた。そして、最期の日がやってきた。

「あの樹と、よく話をするんですよ」

フランクルには真意がつかめなかった。病気のために幻覚でも起こしているのだろうか?

不思議に思って問い返してみた。

「樹は、言葉を返してくれましたか?」

彼女はうなずいた。その樹は、こう告げたという。

「私はここにいる。私は、ここに、いる。私は存在しています。私は永遠の生命です……」

そういうと、彼女は静かに旅立っていった。

フランクル哲学の真髄を詩的に表現したといえる、また、浄化された魂の芳香が伝わるような、実に美しいエピソードではないだろうか。

極限の絶望と苦しみを乗り越えた人は、実存的本質、すなわち真実の自己を覚醒させる。このとき人間は、社会的な共感よりも、人類としての共感よりも、もっと根源的な「生命」としての共感に目覚めるのである。なぜなら絶望と苦しみは、本質である生命以外のあらゆる虚像的な自我を、死に追いやってしまうからだ。

その結果、人はあらゆる存在の中に、永遠の生命であるロゴスを見るようになる。そしてロゴスこそが、「究極の意味」であることを知るのである。

「人間は苦しみを通して物事の本質を見抜く力、世界を透視する力が養われ、高い次元の存在を感じ取れるようになる。苦悩を受け入れることで清らかな幸福が流れ出してくる」（Ⅰ120）

フランクルによれば、私たちは苦悩を通して成長していく存在である。人間とは「苦悩する者（ホモ・パティエンス）」だというのだ。苦悩するのが人間、いや、苦悩するからこそ人間なのであると。そして、詩人リルケの言葉を引用して語らせている。

「苦悩を引き受けない人間は死んでいる……」

これに関して、辛い難病を克服したある女性の言葉を紹介してみよう。苦悩の果てに生まれ変わった人間の、新鮮な喜びの感動がうまく表現されている。

「人生に陶酔しています。空の美しさを見てください！　なんて澄みきった青空でしょう！　花園に行きます。花はみんな、とてもすてきな色で咲いています。その美しさに目が眩《くら》みそうになります。人生の本当の喜びが一体どういうものであるかが、私には全然わかっていなかったのです。本当に生きることができるようになるために、私は、死と間近で直面しなくてはならなかったのです。私は、生きるために死ななくてはならなかったのです」（※4）

■誇らしげに苦しみ、誇らしげに死んでいこう

ある日のこと、餓死寸前だった囚人のひとりが倉庫からじゃがいもを盗んだ。収容所当局は犯人を引き渡すよう命じ、さもなければ全員に一日の絶食を課すといってきた。囚人たちはだれが犯人かは知っていたが、仲間を絞首刑にするよりはと、一日の絶食を選んだ。

その日の夕方、みんなが不機嫌でイライラしていた。さらに悪いことに停電となり、バラックは真っ暗闇になってしまったのである。囚人たちの怒りは爆発寸前になった。

そのとき、バラックの代表者が口を開き、最近自殺した仲間について話し、そうした自己放棄を防ぐにはどうすればいいか、フランクルの意見を聞きたいといって指名したのだった。

フランクルは寒さに震え、飢え、ぐったりし、イライラしてそんな気分ではなかったが、今こそ精神的な援助が必要とされているのだと思って跳ね起き、自分の考えを力説した。（A188）

彼はまず、今の状態は、それほど最悪というわけではないと慰めを語った。真にかけがえのない大切なものは、それほど失われていないのではないか。健康、家庭の幸福、職業、財産、社会的地位といったものは、取り戻そうと思えば、決してできないわけでもない。

一方、この収容所から生還できる可能性は、全体の五パーセントくらいであろうという、現実に立脚した意見も語った。だからといって、落胆し希望を捨てる必要は決してないことも。なぜなら、未来はどうなるか、次の瞬間にはどうなるか、だれにもわからないからである。

しかも、未来はともかくとして、われわれが過去において果たした豊かな体験は、何ものも、何人《なんびと》も、奪い取ることはできない。過去の中で、業績は永遠に確保される。過去は消え去ったのではなく、別次元の中に保存された形で〝存在している〟のだ。

人生は、いかなる状況でも、それ自体で意味をもっている。だが、その意味の中には苦悩も死も含まれるのだ。すなわち、苦悩すること、死ぬことは、決して無意味どころか、人生を意味あるものにするのである。苦悩も死も、それ自体が意味なのである……。

フランクルは、暗闇の中で熱く語り続けた。

われわれの生への戦いは、なるほど絶望的かもしれない。だからといって、その戦いの意味や尊厳を少しも傷つけるものではない。困難な状況にあるわれわれ、また、近づきつつある最期のときを迎えるわれわれを、だれかが見ている。友が、妻が、生きている者が、あるいは死んだ者が、そして神が見ているのだ。その者は、われわれに期待している。われわれの生きざまを見て失望しないことを。われわれが哀れに苦しまないで、誇らしげに苦しみ、そして死んでいくことを期待しているのだ。

もしもわれわれがそうするなら、哀れに苦しんで死んだ場合に彼が受けるであろう失意と苦しみから、われわれは彼を救っていることにならないだろうか?

それゆえ、犠牲には意味があるのだ。深い信仰のもち主ならよく知っている。ある仲間は、愛する者たちの苦痛を取り除いて欲しいと天に祈った。そのかわり、彼らのぶんまで苦痛を引き受けると約束した。以来、彼にとって苦悩は、意味をもつものになったのである。

われわれも、愛する者たちを苦痛から救うために、自らを犠牲にしようではないか。すなわち、いかなる状況であっても、誇らしげに苦しみ、誇らしげに死んでいこうではないか……。

まもなくバラックに明かりが灯った。

目に涙を浮かべ、感謝をいうために近寄ってくる仲間たちの姿を、フランクルは見た。

【11】真の勇気が試されるのは逆境のときではない。幸運なときどれだけ謙虚でいられるかで試される。

――ついに解放された囚人たちが遭遇した精神的な試練――

■不運と思っていたトラブルが本当は幸運だった

連合軍の反撃により、ドイツ軍はしだいに苦戦を強いられるようになった。テュルクハイム強制収容所にも戦線の足音が近づきつつあり、それにつれて収容所内の監視も手薄になってきた。同僚の医師に誘われたフランクルは、この好機を利用して脱走を企てた。

ふたりは、収容所の外の病人を診察にいくよう命令を受けたとき、レジスタンス運動のメンバーと密会して、兵隊の制服と偽の証明書をもらうてはずを整えた。その後はドイツ兵士になりすまし、戦線の中へ飛び込んで逃亡の糸口をつかむつもりだったらしい。

ところが、最後の瞬間に運悪く技術的な問題が生じ、いったん収容所に戻らなければならなくなった。仕方なく、計画実行の時間が再度めぐってくるまで、フランクルは病舎に戻って回診をはじめたのである。

そこには多くの患者が待っていた。そのうち、危篤状態でありながら、回復を願って治療を受けていた患者が、フランクルの様子がおかしいことを察してこうつぶやいたという。

「君も逃げるのかい？……」

希望を失ったその目は、まるで「私を見捨てるのかい？」と非難しているように感じられた。

「私は医師として、自分を頼りにしている患者を見捨てることが許されるのだろうか？」

良心の呵責《かしやく》に耐えきれなくなったフランクルは、相棒のもとへ飛び込んでいき、一緒には行けないと告げた。こうして結局、脱走計画は中止になった。

「患者のもとに留まる決意をするや否や、やましい感情は急に消えた。このまま続く日々がどうなるかは知らなかったが、内面的には今までになかったほど安らかであった」（A155）

だが、これで正解だったに違いない。当時の戦況から判断して、あのままドイツ兵に化けて戦線に飛び込んでいったら、ほぼ間違いなく命を落とす結果を招いたはずである。

いずれにしろ、戦線はすぐ間近に接近してきたので、収容所は閉鎖されることになった。

囚人たちは他の収容所に輸送されていった。フランクルは最後から二番目の輸送自動車に乗ることになっていた。

ところが、収容所の医長が人数の割り当てをミスしたため、取り残されてしまったのである。フランクルはまたしても「運の悪さ」にイライラし、最後の自動車を待つはめとなった。

だが、戦線の接近の方が早かった。アメリカ軍との間で激しい銃撃戦がかわされ、床に伏せながら成り行きを待った。夜が明ける頃に銃声は止み、収容所の門柱には白旗が立てられたのである。

囚人たちは、こうして、ついに解放されたのだった。

後に判明したところでは、フランクルを残して輸送自動車が向かった収容所では、囚人を中に閉じ込めたまま火を放ち、焼き殺したという。フランクルはまたしても危機一髪のところで助かったのである。彼が不運と思っていたトラブルは、実はことごとく幸運だったのだ。

■解放された人たちが陥る病的な心理

解放されたフランクルたちは、収容所の門の方へよろめいていった。
おずおずと周囲を見渡し、お互いの顔を見た。門から出て、最初の第一歩、長い間あれほど夢見た自由への第一歩を、踏みしめてみた。
だが、フランクルはこういうのである。(A197)
「われわれの間に大きな喜びがみなぎっていたと考えるなら、それは大きな間違いである」

どの人も放心状態となり、この現実が信じられない。今までずっと非人間的に扱われ、感情や感性を殺されてきた結果、喜びも何も感じることができなくなっていたのだ。

自由に歩いても、何の命令も響かない。拳骨や足蹴を恐れて身を屈める必要もない。もはや囚人ではない。なのに、実感が沸いてこない。まるで違う世界を眺めているようだった。

牧場にきた。咲き乱れる花々、きれいな鳥、カスタニエンの樹の下のベンチに腰を下ろす。しかし、その顔は無表情であり、世界は何の印象も与えてくれない。

結局、夜になると、もとのバラックに戻ってくる。そして、こんな会話がかわされるのだ。

「ねえ、今日は嬉しかったかい?」

「いや、本当のことをいえば、そうではなかった」

精神医学的にいえば、重い「離人症」を患った状態を示していたのである。離人症とは、現実に生きているという実感が欠如し、自分が自分ではない感覚に陥ったり、まるで夢を見ているような、いわゆる「宙に浮いた」ような症状に悩まされる病気である。

もっとも身体の方は、まったく抑制されていなかった。何時間も食べて食べ続けたという。そうして腹が膨れてくると、今度は口が緩んでくる。彼らは、今まで自分が体験した圧迫的な状況を吐き出すかのように、ひたすらしゃべり続けたという。

こうして、少しずつ、人間的な感性を取り戻していったというのである。

ところがこのときに、ある病的な傾向が発現するのであった。

フランクルが「潜水病」にたとえたこの傾向は、高い気圧状態から急に低い気圧に戻ると身体に障害が生じるように(そのため潜水夫はゆっくりと海面に上がっていく)、心理的な圧迫を急に除かれた人間も、道徳的健康を損なうことがあるという。とりわけ、権力の乱用と暴力の傾向が生じてくるというのである。

たとえば解放後、フランクルは同僚と野原を歩いていたのだが、目の前に芽の出たばかりの麦畑があった。同僚は、その麦畑を踏み付けながら突っ切っていった。フランクルが若い芽を踏みにじるべきではないと注意すると、彼は血相を変えて怒鳴りつけたというのである。

「何をいうんだ。俺の妻も子供もガスで殺されたんだぞ。それなのに、少しくらい麦畑を踏み付けるのを禁じるというのか！」(A202)

だが、自分が不正に苦しんだからといって、自分も不正を犯していい権利はない。

人間は、慣れない幸運に急に恵まれたりすると、自惚《うぬぼ》れたり、傲慢になったり、人を見下したりすることがある。フランクルも指摘しているように、そんな人たちは決して悪い人間ではない。ただ自我のコントロールを失い、虚栄心を満たそうとする欲求に振り回されてしまうのだ。換言すれば、その土台となっている「恐怖」に負けてしまうのである。

強制収容所という地獄に耐え抜いた彼らが、意外にも、こんなことで自らの脆弱《ぜいじゃく》さを暴露させてしまったのだ。真の勇気が試されるのは、逆境のときではなく、むしろ幸運のときなのかもしれない。恵まれた環境において、どれだけ謙虚でいられるかが問われるのであろう。

■ユダヤ人を救ったナチス親衛隊

だが、最後まで勇気を貫いた人間もいた。ただし彼は、囚人ではなかった。

実は、この収容所の所長だったのである。ホフマンという名のこの所長(いうまでもなくナチス親衛隊である)は、きわめて異例なことに、今までずっと、収容所で死んだ囚人たちを墓地に埋葬していたのだ(ユダヤ人を墓地に埋葬することは命令違反だったはずである)。

しかも埋葬の際、墓穴の後ろに生えているモミの木の幹に、死者の名前を、鉛筆で小さく刻んでいたという。

つまり、すでに名前を奪われ、番号というモノにさせられたユダヤ人たちを、彼は人間と見なし、人間として扱っていたということなのである。

その気になれば、いくらだって専制的になれる立場にいながら、この男は勇敢にも、ついにそんなことは自らに許さなかったのだ。フランクルは、この所長が囚人に暴力をふるったことは、自分が知る限り、たった一度もなかったと証言している。

それればかりではない。囚人が病気になると、自分のポケット・マネーから相当の金額を出し、町の薬局から薬を買っていたのである。それは、側近の医師しか知らない事実であった。

こんな人間が、囚人たちの心をとらえないはずはない。

アメリカ軍が収容所を占領したとき、三人の若いユダヤ人の囚人がホフマンを連れ出し、森に隠したのである。そして、アメリカ軍司令官に対して事情を説明し、「将校の名誉にかけて、この所長に指一本触れないと約束しなければ、彼を引き渡さない」といったのだ。

将校はそれを約束し、ホフマンは引き続き収容所の責任者に任命され、食料や衣服などを調達する仕事を続けたという。(N136)

この収容所では、ナチス隊員とユダヤ人が思いやりをかわしたのである。

結局、人間同士を結び付けるのは、人種でも民族でも、またイデオロギーでもないのだ。

【12】

絶望とは、もうすぐ新しい自分と新しい希望が生まれてくるという前兆である。

――絶望の果てに誕生する新しい自分――

■相当の苦難にも人は耐えられるが、意味の喪失には耐えられない

一九四五年、戦争は終結し、捕われていたユダヤ人も家に戻っていった。だが、ある意味で、強制収容所よりも絶望的な状況が彼らを待ち受けていたのである。彼らは何年も夢見てきた。いつか故郷に帰ることを。そして自宅の呼び鈴を押す。玄関を開けると、そこには愛する妻が、子供が、家族が、笑顔で迎えてくれる……。

だが、彼らの家族も、やはり受難に遭っていたのである。帰郷した多くの人たちを待っていたのは、呼び鈴を押しても開かない玄関、だれもいない部屋であった。家族全員が殺され、天涯孤独になった者も少なくなかった。長い間、苦しみに耐えてきた結果が、失望でしかなかっ

たのである。

一方、強制収容所の悲惨を世に知らしめることを目的に、いわば生きる支えにして、苦難に耐え忍んできた人たちも多くいた。彼らは国民からあたたかく迎えられ、自分たちの話に耳を傾けてくれるものと期待していた。

ところが、生還した彼らを待ち受けていたのは何であったか？

「私たちは、あなた方がそんな状況にあったことなど、知らなかったんです」

「私たちも苦しんだのですよ」

「戦争中だったんだ。私たちに何ができたというんだ」

こんな言い訳や弁明ばかりだったのである。自分たちの話など、だれも聞きたがらなかったというのだ。人々にしてみれば、「なぜ助けてくれなかったのだ？」と責められる思いがして、いたたまれなかったのかもしれない。自分の腑甲斐なさを認めるのに耐えられなかったのかもしれない。いずれにしろ、人々のそうした態度は、帰還者を失意のどん底にたたき落とすには十分なものだった。

強制収容所ではないが、ベトナムで戦争捕虜となったある空軍大尉のケースを、心理学者のジュリアス・シーガルが報告している。その大尉は、十年近くもの間、幾多の苦難にも耐え抜いて生還を果たした。ところが、解放された喜びを世間に伝えたひと月後に、「私の人生には

生きる価値がない」という言葉を残し、睡眠薬を飲んで自殺してしまったのである。（※4）

理由は何だったのか？　多くのアメリカ人は、その頃にはベトナム戦争に否定的だった。ナンセンスだという世論が広がっていた。しかも、彼の妻や両親までもが、戦争反対の活動家になっていたのである。

十年近くも自分を犠牲にして戦ったことが無意味だったというのか？　彼は、自分の苦しみには何の意味もなかったことを知り、自殺してしまったのだ。

フランクルはいう。人間は、相当の苦難にも耐えられる力をもっている。しかし、意味の喪失には耐えられないと。

そのため、中にはもう一度強制収容所に戻ることに憧れる者さえいたというのだ。いかにわずかであっても「いつか幸せになれる」という希望があったし、そのために生きるという「意味」があったからである。いかに悲惨で苦しくても、希望や意味が完全に消失するよりはマシだったのである。

真に極限的な絶望は、収容所の中ではなく、解放後の市民生活の中にあったのだ。これほどの絶望、これほどの悲哀にいる人たちは、どう立ち直っていけばいいのだろうか？

■本質的な自分に生まれ変わる

十五歳のときにアウシュヴィッツを経験したある人物について、フランクルは報告している。収容所から解放された後、この男性は、豪華な棺や音楽付の葬式を見ると、笑い出すようになったという。(K43)

「こいつら頭がおかしいんじゃないか。たかが一つの死体のためにこんな仰々《ぎょうぎょう》しくするなんて」

来る日も来る日も無数の人間が虫けらのように殺されていくのを見た後では、こんな感性になってしまうのだ。「カブトムシ」のために派手な葬式をやっていたら、私たちも大笑いするであろう。囚人たちにとって、人間は虫けらほどの価値しかなかったのである。

また彼は、演奏会など人が大勢集まっている場所にいくと、この人たちからどれほどの衣服や金歯、毛髪が取れるだろうかと、強迫的に計算せずにはいられなかったという。こうなるともう、人間は単なる「産業資源」でしかない。男は自問自答した。アウシュヴィッツで苦悩に耐えた数年に、何の意味があったというのか?

彼は、収容所で見たことを世間の人々に話すつもりでいたという。この世界が、いつかは別のものになるだろうという希望を抱いて……。

「しかし、世界は別のようにはならなかった。世間の人々は、アウシュヴィッツについて何も聞こうとはしなかった。ずっと後になってようやく、何が苦悩の意味であるかを、私は本当に理解した」

彼は、苦悩の意味をどのように理解したというのか？

「（世界ではなく）自分自身が別のものになるとき、苦悩は意味をもつのである……」

世界とは、要するに、私たちひとりひとりの総体に他ならない。私たち自身が変わらなくて、どうして世界が変わるだろうか？

フランクルはいう。人は絶望的な経験を通して、すべての非本質的なものが溶解すると。すなわち、本当の自分ではない「虚構の自分」が溶けてしまうのだ。自我が消えてしまうのである。人はそのとき、完全な「無」となる。そのためフランクルが、「彼らは仕返しや復讐の気持ちを克服している」と述べたとしても、それほど意外ではないだろう。

すべてを失った者、自分自身さえ失った者に、守るべき何があるだろう。それゆえ復讐心もなければ、名声欲も、権力欲もない。あるのはただ、神以外には何も怖れないという勇気、そしてまた、小さなパンの一切れが口にでき、ベッドで寝られ、点呼に立たなくてもいいこと、死の危険がある中で過ごさなくてもいいこと、これだけの状況さえ与えられたなら、あとはどんな運命も感謝をもって受け止めるという「謙虚さ」だったのである。

彼らは謙虚に従う。たとえ、それがどのような運命であるとしても。

それはもちろん、投げやりな諦めの態度ではない。究極の絶望の果てに、人生に対するいかなる期待も放棄した心に生まれる、まったく新たな精神の境地なのだ。
「文字通り無になった人は、まさに生まれ変わったように感じる。しかし、以前の自分に生まれ変わるのではなくて、もっと本質的な自分に生まれ変わる」(L156)

絶望とは、もうすぐ新しい自分、新しい希望が生まれるという前兆に他ならない。

おそらく人生とは、円環的なのだろう。円周において、始点の究極は終点となり、両者はひとつとなるように、徹底した究極の絶望を経験した者は、徹底した究極の希望に到達するのである。すべてが無になった人は、すべてが「有」になるのだ。

すなわち、いかなる運命にも、無条件かつ絶対的な意味があること。それゆえ、その運命に身を任せていれば、すべてがうまくいくこと。こうした内的確信が、心の底から沸き上がってくるのである。

帰還者たちの心を癒したのは、すべてをよし《イエス》とする、こうした「信仰」に他ならない。

■泣き崩れて意味を問うフランクル

解放されたフランクルを待ち受けていたのは、妻ティリーの死の知らせだった。

彼女は、あれからベルゲン゠ベルゼンの収容所に連れていかれ、そこでガス室に送られたという。わずか二十五年の若い人生であった。また弟は、アウシュヴィッツの支部収容所に連れていかれ、鉱山で亡くなったらしい。結局、フランクルは、ひとりの妹を残して、家族全員を失ってしまったのである。

ウィーンに戻ったフランクルは、友人のもとを訪れ、泣き崩れてその胸中を訴えた。

「こんなにたくさんのことがいっぺんに起こって、これほどの試練を受けるのには、何か意味があるはずだよね。僕には感じられるんだ。あたかも何かが僕を待っている、何かが僕に期待している、何かが僕から求めている、僕は何かのために運命づけられているとしかいいようがないんだ」(N145)

フランクルは、何のために運命づけられていたのだろうか?

テュルクハイム収容所で解放された直後のことである。

野原を歩いていたとき、同じく解放されたばかりの外国人労働者に出会った。話をしていると、その男が一個のペンダントをもっているのに気づいた。

それは、小さな金の地球儀で、大洋には青い七宝が塗られていた。

フランクルは、それに見覚えがあった。かつて、ティリーの誕生日に自分が贈ったものと同じだったからだ。いや、それはまさに、彼女に送ったプレゼントそのものに違いなかった。なぜなら、このペンダントはウィーンに二つしかないと店から聞いていたからである。

ナチス親衛隊は、囚人から宝石類を没収して倉庫に隠しもっていた。その外国人労働者は、何らかの経路で、倉庫から流れた彼女の遺品を手にしたのだろう。

フランクルは何もいわず、そのペンダントを買い取った。

ティリーが戻ってきてくれた、そう思ったのかもしれない。

それにしても、おそらくは何万という点数にのぼる宝石類の中から、何千といる囚人の中で、たまたま妻の遺品を手にしたひとりに出会う確率とは、どのようなものなのだろう?

これが、解放されたフランクルの、これからの運命を暗示する天(ロゴス)からのメッセージ、あるいはシンクロニシティでなくて、いったい何だというのだろう?

その地球儀の赤道には、次のような文字が刻まれていた。


全世界は、愛を主軸にして回る……

第2部■ロゴセラピーによる魂の癒し

ある種の科学者がいうように、われわれの存在がただ無意味な偶然にすぎないとは、わたしにはどうしても信じられない。生と死、あまりにもそれはのっぴきならぬ確たる事実であり、ただの偶然であるはずがない。そうした事実が起こったということこそ、むしろ逆に一定不動のある目的――われわれ、いわば三次元的精神の理解を超えた、厳たるある意志の存在することを証明しているのではあるまいか。(※5)

――チャーリー・チャップリン

【13】この地上には二つの人種しかいない。品位ある人種とそうでない人種である。

――単純な図式で人間を評価することはできない――

■ナチス戦争犯罪の共同責任に反対表明する

ウィーンに着いたフランクルは、友人のブルーノ・ピッターマンを訪ねた。ピッターマンは後に副首相になった人物であるが、彼はフランクルに白い紙を渡し、無理やりサインさせると、それをウィーン神経科ポリクリニックの空きポストへの願書にして送付した。こうしてフランクルは、以後二十五年間、この病院の部長を務めることになる。

病院に勤務するや否や、フランクルは強制収容所で失われた原稿の復元に着手した。速記タイピストを三人も雇い、猛烈な勢いで口述したという。

「口述中、私は部屋を行きつ戻りつしながら、時折、自分自身のことを思い出しては、疲れきって安楽いすに崩れ落ちた。涙がとめどもなく溢れ出た。それほど私の心は、しばしば痛いほどの明確さで私を凌駕する自らの思いに捕らわれていたのである」(N146)

こうして出版されたのが『医師による魂の癒し』(邦訳『死と愛』)であった。

そして、その後まもなく、わずか九日間で書いた本『強制収容所における一心理学者の体験』(邦訳『夜と霧』)を出版する。最初、これは匿名で出すはずだったが、本の内容を保証するためにも名前を出すべきだという友人の説得によって、ヴィクトール・フランクルの名前がつけられたのである。

だが、本人いわく、売れるとはまったく期待していなかったこの本が、九百万部ものベストセラーとなり、世界十八か国語に翻訳され、フランクルの名前を世界にとどろかせたのであった。ワシントンの国会図書館は「アメリカで最も影響を与えた十冊の本」のひとつに数え、哲学者カール・ヤスパースは、「人類の偉大な本のひとつだ」とまで絶賛している。

私生活でも、一九四七年、フランクル四十二歳のとき、同じ病院で看護婦をしていた女性と結婚。新しい妻エリーは、夫の口述をタイプしたり、講演旅行のアシストを務めるなど、フランクルの精力的な活動を支える人生最高のパートナーになった。

後には、ウィーン大学の神経学・精神医学の教授となり、アメリカの大学でも教鞭を取るようになった。そしてトータルで、世界中の大学より二十七もの名誉博士号が贈られることになる。強制収容所から解放されたフランクルの活躍ぶりは、まさに目をみはるものがあった。

だが、そんな活躍をする前に、彼にはひとつ、直面しなければならない課題が残されていた。共同責任、すなわち、ナチスの残虐行為はドイツ人全体の責任であるとする考え方に反対したのである。さらに、ナチス党員やその支持者だったという理由だけで、彼らの罪を追求する意見にも反対を声明した。

おかげでいろいろな組織団体から非難されたようであるが、ひるむことなく自らの信念を貫き通した。というのも、その信念は、強制収容所での体験が土台になっているからである。すでに述べたように、最後に解放されたテュルクハイム強制収容所の所長は、ナチス親衛隊でありながら、自分の財布からかなりの金額を出し、囚人のために薬を買っていた。また、フランクルの知る限り、囚人に暴力をふるったことは一度もなかった。

その一方で、同じユダヤ人でありながら、カポーという立場を悪用し、同胞に暴力を振るって苦しめた人間もいたのである。

すなわち、ナチス親衛隊だから「悪」、ユダヤ人だから「善」という単純な図式で人間は裁けないことを、フランクルは体験を通して把握し、それを訴えたわけである。

「この地上には二つの人種しかいない。品位ある人種とそうでない人種である」(A196)

こうしてフランクルは、国家警察に追われ、見つかれば人民裁判にかけられる運命にあった元ヒトラー青年団の同僚をかくまったり、フランス占領地区で行われた講演会の席上で共同責任に反対するなど、公私ともに自らの信念をアピールし続けた。

翌日、その講演会に来ていた、ナチス親衛隊員だった大学教授が訪ねてきて、目に涙を浮かべながらこう尋ねたという。

「なぜあなたは、公の場で共同責任に反対するような勇気を奮い起こす気になったのですか？」

「なぜなら、あなたには、それができないからです」

フランクルははっきりと答えている。

「あなたが口を開いても、自己弁護としか思われないでしょう。しかし私は、かつての囚人なのです。だからこそ私には、それができるのだし、またしなければならないのです。そんな私のいうことであれば、人も信じてくれるでしょう。これはまさに義務なのです」（N137）

こうした、自らの信念に堅いところは父親ゆずりなのだろう。一方、その友愛に満ちた寛容なハートは、母親ゆずりのようである。

「国籍や母国語や出生地のために責任を問われるなど、自分の体の大きさの責任をとらされるのと同じように馬鹿げたことに思われるはずです。身長一六四センチメートルの犯人が捕まると、たまたま同じ身長だからといって、私も一緒に捕まえられるのでしょうか？」（L144）

【14】フランクル成功の秘訣――些細なことは重要なことのように徹底してやる。重要なことは些細なことのように心を落ち着けてやる。

――フランクル哲学の源流を探る――

■四歳にして人間の実存的な悩みを自覚する

両親がほんの少し目を離したすきだった。

二歳になる男の子が線路に歩いていき、列車の車輪の前に座り込んだ。発車の合図が鳴り、車輪が男の子を切り刻む瞬間、父親が見つけて息子を抱き上げた。

危機一髪！　この運のいい男の子が、フランクルだった。

事実、彼は運がいい。強制収容所でも、運のよさで何回も危険を逃れている。無事に生還できたのも、その生命力の強さもさることながら、運の強さがあったことも否定できない。

両親の行き届いた庇護のせいか、子供の頃から「外から守られているという安心感」があったという。「世界」に対する基本的な信頼があったわけだ。そのためか、彼は自らも認めるように楽観的な性格であり、それが困難な収容所生活に耐えられた一因であるとも語っている。

フランクルの父は国家公務員であった。医者をめざした時期もあったらしい。禁欲的で、厳格なほど信心深く、カンシャクもちで息子を叩いたというが、その正義感の強さから、フランクルは尊敬を寄せていたようである。

一方、母は心優しい女性で、父とは正反対だった。フランクルの性格は、こうした父母の両極性を受け継いだようである。フランクルを心理テストしたある心理学者は、「一方の極端な合理性と他方の深い感情性とが、これほど大きな緊張状態をなしている例は他に見たことがない」と語っている。(N15)

フランクルは、三歳になる頃には医者になる決心をしていたようである。

そして四歳のときである。眠りに入る前に、はっと飛び起きたというのだ。

「自分もいつかは死ななければならない!」

この事実に気づいたからだという。彼はしかし、このように付け加えている。

「私を苦しめたのは、死への恐怖ではなかった。むしろ、たったひとつ、人生の無常さが、人生の意味を無に帰してしまうのではないのか、という問いであった」(N22)

何と、わずか四歳にして、人間の実存的な悩みを自覚したことになる。すなわち、ロゴセラピーの命題へと通じる疑問が、このときすでに芽生えていたのだ。

医者になるため勉強に励んできたフランクルは、中学生のときに精神医学を志すことを決める。そしてこの頃、数冊のノートに『われわれと世界のプロセス』という作文を書いている。これは、大宇宙にも小宇宙にも普遍的な「調整原理」が支配していることを記したものだという。そして最初に出版した本『医師による魂の癒し』（邦訳『死と愛』）は、この考え方を再び取り上げたものだというのだ。

ここでいう「調整原理」とは、他でもないロゴスのことであろう。愛であるロゴスは、この世界を調和的に運行する宇宙法則である。彼はそういいたかったのだろう。

こうして、若くして哲学的な才能を発揮したフランクルは、すでに十五歳くらいのときに、大学の哲学講座において講演をしていたという。

「われわれが人生の意味を問うのではなく、われわれ自身が人生の意味を問われているのであり、答える責任があるのだ。そして、究極的な意味は、われわれの理解を越えており、ただその意味の存在を信じるしかないのだ」（N68）

これはまさに、今日のロゴセラピーの中心概念そのものである。この言葉の真意は後に考察するとして、とにかく十五歳にして、実質的にロゴセラピーは完成されていたのだ！

ちなみに彼は、小人数を前に講演する場合でも、しっかり練り上げて講演メモを用意するが、数千人の前で講演するときでも、練り上げてメモを用意したら、あとは十数人の前で講演するのと同じ感覚でやるという。成功の鍵は何かと問われたら、こう答えることにしていたという。「どんな些細なことでも、重要なことと同じように徹底してやること。また、どんな重要なことでも、些細なことと同じように心を落ち着けてやること」（N27）

■フロイト、アドラー、シェーラーとフランクル

やはりこの頃、彼はフロイトと文通を始めている。手紙を出すと、三日以内に返事をくれたそうである。あるとき、自分の書いた論文をフロイトに送ったところ、その原稿がフロイトの主催する『国際精神分析ジャーナル』に掲載されたことがあった。一九二四年というから、わずか十九歳にして、権威ある学会誌に論文が掲載されたことになる。

ただしこの論文は、「しぐさによる肯定と否定の成り立ちについて」と題するもので、ロゴセラピーとは特に関係はなかったようだ。

フロイトとの交流は手紙のやり取りだけで終わったが、フランクルが高校を卒業して医学生になったとき、偶然に一度だけ彼に出会ったことがある。フランクルが名前を告げると、「ヴィクトール・フランクル。ウィーン第二区、ツェルニンガッセ六番、二十五号だったね」と、

住所を告げたという。

こうしてみると、フロイトという人は、なかなか人間的な魅力に富んだ人物だったことが窺える。だからこそフランクルも、後にフロイトの学説には厳しい批判を投げかけたが、フロイト自身に対しては、終生に渡って尊敬の念をもち続けたのであろう。

やがてフランクルの関心は、アドラーへと移っていく。アドラーの「個人心理学協会」に所属し、盛んに論文などを発表したようである。だが、まもなくアドラーに対しても批判的な見解が頭をもたげてくる。

フロイトやアドラーの心理学に対してフランクルが抵抗を覚えたのは、後に詳しく触れるように、人間を機械的な衝動の産物と決めつけてしまう「心理学主義」のためであった。

こうして結局、アドラーとの関係も険悪となり、学会からの除名という形で袂《たもと》を分かつことになる。しかしその頃には、すでにマックス・シェーラーの思想に傾倒していた。

シェーラー哲学の特徴は、人間の実存性を高次の意味や価値に置いている点である。要するに、人間は衝動で動く自己完結的なロボットではなく、高次との接触において自らを成長させていく存在だというのだ。こうした考え方がフランクルの共感を呼んだのも当然であろう。

「ロゴセラピーは、シェーラーの概念を心理療法に応用した結果である」と主張する学者に対して、フランクルは否定していない。

他にも、これは強制収容所から解放された後ではあるが、ハイデッガーやヤスパース、ビンスワンガー、マルセルといった実存哲学者たちからも影響を受けたようだ。こうした哲学者たちと対談したフランクルは、次のような感想をもらしている。

「私が尊敬して仰ぎ見るような本当に偉大な人々は、それこそ私を批判するだけの権利を十分にもっているのに、決まって寛容で、私の努力の至らない部分を見逃してくれ、いつもその裏に何か肯定的なものを見ようとしてくれた」(N159)

他にも、フランクル思想に影響を及ぼしたと思われるのは、彼自身も語っているように、実務的な治療経験を通して患者自身から学んだことである。また、彼の宗教であるユダヤ教、それも神秘思想的な傾向が、やはり影響を与えているようにも思われる。

とはいえ、彼のロゴセラピーの母体は、ほとんど直感的な形で、すでに十五歳のときにできあがっていたことは確かなのだ。その後に学んだフロイトやアドラー、シェーラーその他の思想家たちは、自らの思想を補強するための役割を果たしたにすぎないのだろう。

もちろん、強制収容所の体験が、彼の思想をますます磨きあげ、生命を宿した実践的な哲学に成長させていったであろうことは、あえていうまでもないことである。

【15】自分を一面だけで判断したらその通りになる。だが、人間とは多面的な存在なのだ。

――人間をロボットにする「心理学主義」への批判――

■激烈な口調でフランクルが批判するもの

「ロゴセラピーを生み出した究極の原因、最深の根源、私の動機の奥深く隠された理由は何かと聞かれるならば、私をそれへと動かし、飽くことなく研究させてきた理由はただひとつしか挙げることができない。その理由とは、この下賤な精神療法の業界にはびこる現代の冷笑主義の犠牲者に対する思いである」(N84)

フランクルは、学会の不潔さを「下賤《げせん》」といい、商業主義的な精神療法のあり方を「業界」と非難し、人間を単なる機械、単なるモノとみなす「心理学主義」に対して、容赦のない攻撃を加えている。

「精神的な苦しみをもつだけでなく、精神療法そのものによって障害を受けた人が自分の前に座ると、胸の締め付けられる思いがする。実際、精神療法における心理学主義に由来する非人格化と非人間化の傾向に対する戦いが、私の全学究生活を貫く赤い糸になっている」(N84)

フランクルが、これほどの憤りを感じて自らの学究生活を貫いた「心理学主義に由来する非人格化と非人間化の傾向に対する戦い」とは、いったい何なのであろうか?

すでに述べたように、彼はフロイトやアドラー心理学に見られる、人間を衝動のメカニズムにすぎないと考える傾向に強く反対している。

彼によれば、フロイト心理学は、人間を単なる性衝動に支配される存在としか見ておらず、アドラー心理学は、劣等感を補償する権力への衝動に支配される存在としか見ていない。同様に、ユング心理学に対しても、人間の深層意識に宗教的な要素を認めた点で評価してはいるが、その宗教意識を単なる衝動として片付けてしまったことに問題があるという(フランクルにとって宗教意識は、衝動の産物ではなく、自己超越的な神性をその根源とする)。

ただし誤解のないようにいえば、フランクルはフロイトやアドラー、ユングの心理学そのものを否定したのではない。人間には性衝動に支配される面もあれば、権力衝動に支配される面もあることは認めている。フランクルが批判したのは、一面的な自説だけをもってきて、それが人間存在のすべてであるかのように決めつける姿勢なのである。

すなわち、「人間とは単なる……に過ぎない」とする還元主義(部分を知ることで全体の本質がわかるとする考え方)の独善性、これがフランクルのいう「心理学主義」であり、非人格的、非人間的だといって批判している点である。還元主義について、フランクルは次のように説明している。

「人間的な現象を、人間以下の現象に変造したり、また逆に人間以下の現象から、人間的な現象を導き出そうとする、偽りの科学的手法である」(O131)

結局、「主義(イズム)」というのは、部分的な偏見であり、ニヒリズム(虚無主義)の温床に他ならないと考えていたわけだ。たとえば人間をその一面だけでとらえる社会学であれば、それは「社会学主義」なのであり、生物学であれば、それは「生物学主義」だとして批判したのである。

仮に、心理学主義によって人間を考察したら、いったいどうなるのだろうか。

例として、フランス革命において政治や文化の指導者として活躍したロベスピエール、ミラボー、ルソーについて、ある心理分析の表現をそのまま伝えるならば、「ロベスピエールは分裂病質と神経質の変人、ミラボーは軽躁的な気質をもった変質者、ルソーは精神病的追跡妄想の所有者である」といっているのだ。フランス革命は変人、変質者、妄想の所有者によるものというわけである。また、ドストエフスキーは癲癇《てんかん》、ワーグナーは分裂病と倒錯欲望者である。

とすれば、私たちは狂人の文学や音楽に接していることになってしまう。

こうして、どんなに偉大な天才でも、それは精神病者や神経症者とみなされ、彼らの業績や作品は、ただの病的な表現にすぎなくなってしまう。

たしかに、天才には風変わりな性格のもち主が多い。精神病理学的な分析もできなくはないだろう。しかしだからといって、彼らの本質が病的であり、またその業績が病的な産物であるとみなすことはできない。高い次元からの閃《ひらめ》きや霊感によって生まれたものかもしれないのだ。実際、天才の業績とはそういうものである。さもなければどうして、人を感動させる作品を生むことなどできるだろうか。本当の精神異常者には、それは不可能である。

にもかかわらず、人間を単なる衝動メカニズムに支配された存在と決めつけることは、人間をロボットのような機械として、つまりはモノとしてみなすことになる。人間とは、単に遺伝や環境によって作られた「製品」にすぎず、天才の作品も、あるいは信仰や愛も、すべて「機械」が作り出したものとなる。信仰をもっている人は、みんな神経症者にされてしまう。事実、フロイトによれば、宗教とは不安がもたらす強迫観念にすぎないという。こうした風潮に対して、フランクルは警告を発したのである。

「われわれは患者に、あなたはメカニズムなのだ、装置なのだと吹き込むことになります。そして最後には、患者自身がそう思い込むようになります。すると、患者は神経症にはまりこん

で、二度と治らないようになります」(M104)

だが、人間はメカニズムではない。ロボットではないのだ。

フロイトは、「どんなタイプの人間でも飢えさせてみればいい。あらゆる個性は消失し、飢えた衝動的行為だけが見られるだろう」といったが、これが真実ではないことは、フランクルが強制収容所で体験した通りである。飢えに苦しんでいるのに、パンを与えた人もいたのだ。「同一の状況に面してひとりの人間は、それこそ豚になったのに対し、他の人間はその生活において、反対に聖者のごとくなったのである」(E66)

■天才のヴィジョンとヒステリー患者の幻覚は区別できるか

人間存在を説明するのに、フランクルが好んで使う図解がある。

図1のように、円柱が平面上に投影されると、側面的投影では四角形に、垂直的投影では円として現れる。もしも平面だけの思考で「これは単なる円だ」あるいは「単なる四角だ」といったら、本来は立体である円柱を正しく把握することはできない。

同じく、人間をフロイト的、アドラー的な側面から、あるいは生物学や社会学の側面から分析はできても、それはひとつの側面にすぎず、人間の全体的本質ではあり得ない。

次に、図2を見ると、平面上に投影されているのはすべて円でありながら、投影母体は円柱、球、円錐といった、それぞれ異なった立体になっている。

同じように、平面に投影された面を見ただけでは、聖者や天才的芸術家の神秘的ヴィジョンと、ヒステリー患者の幻覚とは区別ができなくなってしまう。ドストエフスキーが単なる癲癇だったのか、あるいは天才的な機能の一側面をもった人物だったのか、平面を越えない限りわからないのである。

この図解に即していうならば、人間とは平面的な存在ではなく、立体的な存在なのだ。立体が、平面上にその本質を現すことはできないように、人間の本質も、平面上、つまり物質次元には、完全にその姿を現すことはできない。

フランクルによれば、人間の本質とは、物質次元を超えた「精神」である。平面である物質次元に存在している肉体とその心は、精神の道具である「心的物理的有機体」にすぎないというのだ。

この「有機体」には、いちおう精神のための「表現機能」と「道具機能」が備わっているのだが、表現機能は濁っており、道具機能はのろのろしているため、物質次元では、精神はうまくその本性を発揮できないという。（D84）

要するに、私たちは重くて動きにくい鎧《よろい》を着ているようなもので、自分自身をうまく表現できず、そのうえ狭い穴からしか外界を見ることができない状態だということなのだろう。

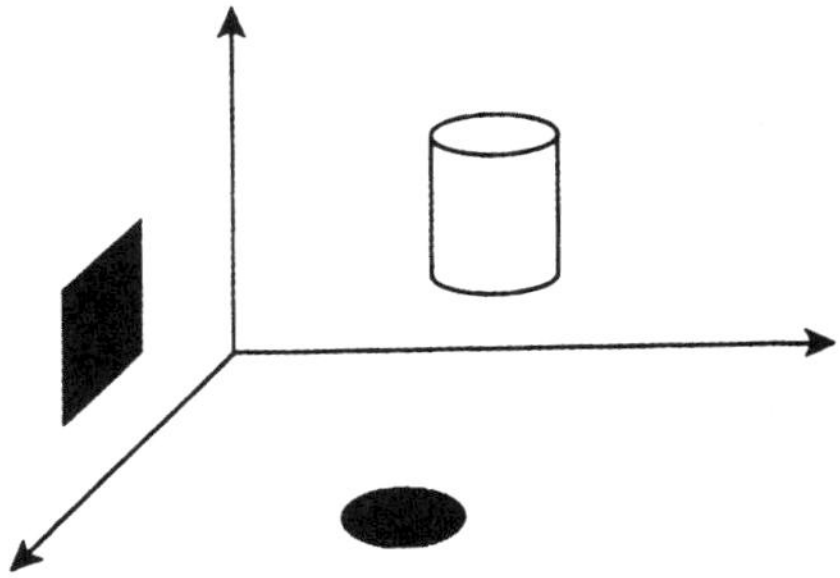

図1

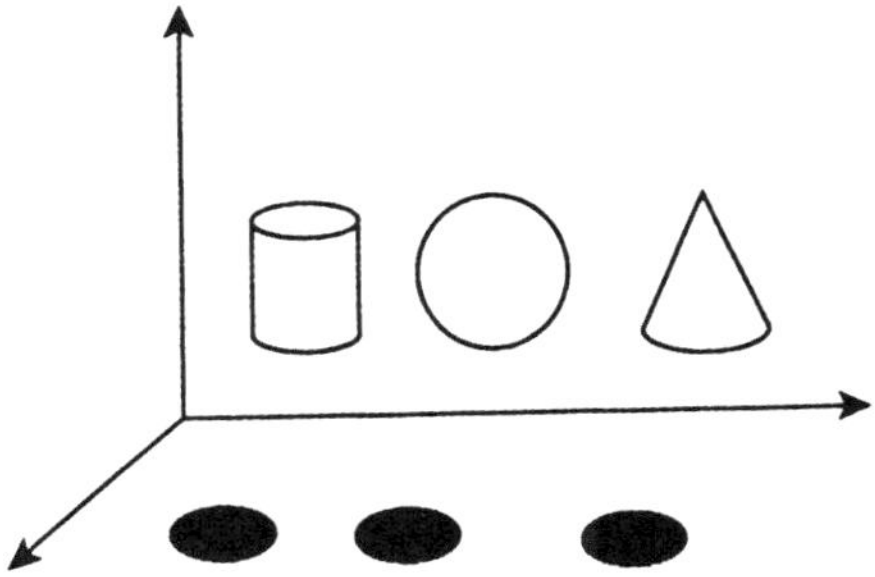

図2

逆にいえば、私たちの本質は、実際に私たちが見たり考えたりしているよりも、ずっと輝かしく偉大な存在だということになる。フランクルに絶大な影響を与えたシェーラーによれば、人間存在とは「小さな神」であり、絶対者である「神への通路」であるという。

すなわち人間は、自らの内面を通して神につながっている存在なのであり、ロゴセラピーとは、そうした人間に宿る「神性（ロゴス）」を自覚させる技法なのである。

【16】悩む人ほど健康で人間的である。悩む能力が麻痺していないからだ。

──現代人の苦悩の原因であるニヒリズム──

■恵まれているのに人生が空《むな》しい理由

精神科医フランクルのもとには、どんな人たちが救いを求めにやってきたか？

彼らは、生きる気力を無くした人たちだった。自殺志願者、薬物やアルコールに溺れた人たち、鬱《うつ》病や神経症に苦しむ人たちだった。こうしたトラブルは、社会的要因が大きく関与していることはいうまでもない。

いってみれば、時代が作り出した病《やまい》に侵されたのであり、その苦悩は、現代人の抱える典型的な苦悩でもある。だれが心を病んでもおかしくない時代に、私たちは生きているのだ。というより、すでに現代人は、慢性的に心を病んでいるといえるのかもしれない。

文明社会に生きる私たちは、衣食住といった「生きる糧」の欠如から苦悩することはなくなった。また、かつてのように厳しく性を抑圧する社会的規範からも解放されたといえる。その意味では、フロイト的な欲望衝動の阻害による苦悩はずっと少なくなったはずだ。さらにアドラー的な意味でも、過労死のような問題もあって、もはや出世至上主義の時代は終わり、自分の権力を他者に誇示しなければ自己認知できないといったこともない。現代では、仕事よりも家庭、カネよりも心を大切にする方が、より評価される風潮にさえなりつつある。

こうしてみると、精神的な問題を引き起こすような因子が社会にあるとは、一見したところ思えないのだが、実際には、自殺、薬物依存、アルコール依存、性的耽溺、家庭内暴力、幼児虐待、神経症、鬱病といった、フロイトやアドラー心理学が対象とする病的衝動が増加しているのである。

いったい、私たちを苦悩させている原因は何なのだろうか?

フランクルによれば、それは「人生の意味や目的の喪失」である。すなわち「自分は何のために生きているのか?」という、生きる目的も価値も見いだせない生活からくる脱力感や空《むな》しさが原因だというのだ。フランクルはそれを「実存的空虚」と呼んでいる。フロイトやアドラーの説く衝動メカニズムに私たちを駆り立てている原因が、この空虚感だというのだ。「実存的空虚の中で、はじめて性的リビドーがはびこってくる」(F41)

空しい気持ちを満たすために、グルメやアルコール、ドラッグ、セックス、ギャンブル、衝動買いといった逃避的な娯楽、あるいは虚栄心を燃やして他者より優位に立とうとする競争に明け暮れるのである。そして、それがうまくいかないと(実際うまくいかないのだが)、自殺や神経症といった問題が生じてくる。こうして、社会的に満たされているはずのフロイト的、またアドラー的な欲望の追求へと、私たちは逆流させられているわけだ。

フランクルは、一九七〇年代に書いた本の中でアメリカを例に出し、自殺未遂者の八十パーセントが生きる意味を認めていないと報告している。しかも、その九十パーセント以上は心身ともに健康で、経済状態もよく、家族との最善の和合の中に暮らし、社会生活に前向きに参加し、勉学上の進歩についても満足のいくものだったというのだ。また、彼の生徒による学位論文も引用し、慢性的なアルコール依存症患者の九十パーセントに「無意味感」が見られたこと、他の研究者のケースからは、薬物依存症の原因は百パーセント、無意味感が根拠になっていたことなどを紹介している。(K20)

この状況は、今日でも変わらないだろう。むしろ、さらに深刻化しているようである。

フランクルが一九九三年に来日した際にも、「無気力、無感動、無目的という、意味を失った米国の大学生の数は、今日その総数の八十パーセントにも上り、米国の十代の子供たちの五十万人以上が自殺を企図している」と述べている。(L166)

おそらく日本の現状も大同小異なのであろうが、いずれにしろ、私たちはこれほどまでに実存的な空虚に苦悩し、心を病ませているのである。まさに今、現代人に必要なのは「生きる意味の発見」なのだ。いかに空しい気持ちを満たすか、これが問われているのである。

フランクルは、戦前から重い恐怖症に悩んでいた四十一歳の男性の言葉を紹介している。彼はしかし、戦中だけは悩みから解放されたというのだ。

「戦時中、私は働かなければなりませんでした。当時、私は幸せでした！　私は、自分が毎日、何かある任務をもっていることを知っていましたから」（D176）

■病気も苦悩も影絵のようなものである

ところが、心理学主義の精神療法は、精神的トラブルはすべて、フロイトやアドラーが説くような衝動メカニズムの不調にすぎないとみなす。不自然な精神分析を施しては強引に病名を宣告し、レッテルを貼り、薬物の投与によって解決しようとする。

だが、衝動メカニズムの不調が原因のすべてなのでは決してない。

人生の実存的な悩みやその空虚感から、鬱病や神経症になる人もいるからである。

もしも、そうした悩みはすべて「病気」であると診断してしまったら——事実、フロイトは「人生の意味などを問いかけること自体が病気なのだ」といっているが、そう決めつけてしまったら――意味を求める実存的な欲求は抑圧され、本当に病気になってしまうだろう。

果たして、人生の意味を問い求め、苦悩することは、病気なのか？

フランクルはいう。「自分は何のために生きているのか？」と悩むことは、少しも病的ではない。むしろ、きわめて人間的であると。それは何よりも、苦悩する能力が失われていない証拠である。モノは苦悩しないが、人間は苦悩する。苦悩できない人間は死んでいるのだと。

人間をモノとみなす現代社会において苦悩しないとすれば、よほどの悟りを得ているか、それとも社会から遊離した自己満足の世界に自閉しているか、あるいは単に、苦悩できないだけではないのだろうか。苦悩する能力まで失われてしまうほど、深刻に病んでしまったということなのかもしれない。

しかしフランクルは、こうもいっている。

たとえ外面的には病んでいるように見えても、人間の本質は、何ものも決して侵すことのできない完全性を備えていると。病気とは、いわば影絵のようなもので、本当の自分自身は完全に健康そのものだと。

それを自覚することが治療上のポイントであり、またロゴセラピーの基本原理でもある。

■人間の可能性をダメにするある言葉とは？

人間を「単なる……にすぎない」と一面的に決めつける心理学・社会学・生物学などにおける「主義」は、結局のところ、人間を機械というモノにし、社会にニヒリズムを蔓延させることになる。ニヒリズムとはすなわち、この世界や人生、人間の存在には何の意味も目的もないとする考え方である。

たしかに、私たちは、世の中や人生に不条理を覚えることも少なくない。どこに神の正義があるのかと疑問を抱くこともある。その点でニヒリストたちは、現実の姿をよく認識しているといえなくもない。特に情報が氾濫し、社会や人間の表も裏も透けて見えるようになった現代では、夢や理想を描くことはますます難しくなっている。最終学歴の学校に入った時点で、入社できる会社が限定され、どのくらい出世し、どのくらい収入が得られるのか、およそわかってしまう。若くして人生の〝たかが知れてしまう〟のだ。以後、ある言葉が、死ぬまでの伴侶としてつきまとうことになる。

それは「どうせ……なんだ」という言葉である。

わずかな可能性に賭ける冒険心も、辛さに耐えて何かをやり遂げる勇猛果敢な精神も、その芽を出す前に、この言葉が刈り取ってしまう。「どうせダメなんだ……」と。

そして、仕事以外にはこれといったこともせず、逃避的娯楽や酒などの享楽に時間を費やすだけの、まさに無意味な人生に向かって自ら飛び込んでいくようになるのだ。

人生を一面的な価値観だけで規定すると、こうなってしまうのである。ニヒリズムは基本的に物質的なので、人間や人生の価値など、単純にどれだけのカネ、どれだけの地位が得られるかで決まってしまう。どのくらい「幸福」になれるのかは、カネや権力しだいということになる。カネも地位もない男性は、「娘を幸せにできない」という理由で、相手親から結婚を反対されてしまう。愛よりも、カネや地位がものをいうわけである。

かと思うと女性の場合は、「女の幸せは家庭を築いて子供を育てることだ」という価値観が押し付けられる。それ以外の生きる意味も可能性も否定されてしまう。

こうして、人の価値を、単純にカネや地位、あるいは子供の有無でしか見られないような、つまらない人間ばかりがはびこるようになる。これがニヒリズム社会である。

少なくともこんな社会からは、すぐれた宗教も芸術も生まれることはないだろう。なぜなら真の宗教家や芸術家というものは、カネや地位のために活動しているのではないからだ。ニヒリズム社会では、せいぜいカネ目当てに作られた宗教や芸術がもてはやされるだけであろう。

単一的な物質的価値だけが横行するニヒリズム社会は、ロボットのような「モノ」が住むにはいいかもしれないが、人間が住むところにはなり得ない。

【17】

見えない観客は、私たちがどのような劇を演じていくのか、期待しながら見つめている。

——ロゴスの生命エネルギーを呼び覚ます技法——

■愛する者との死別の悲しみを癒す

フランクルの編み出したロゴセラピーは、意味を喪失した現代人に、どう応えるのだろうか。二年前に妻を失い、以来、抑鬱状態に悩まされている高齢の開業医が診察に訪れた。愛する者を失った孤独と喪失感に、生きる意欲をなくしている様子だった。フランクルが尋ねた。

「もしもあなたの方が先に亡くなっていたら、どうなったでしょう。つまり、奥様の方が残されていたとしたら？」

「たぶん、妻は苦しんだに違いありません」

「なら、おわかりでしょう。奥様は、その苦しみを免れることができたのです。その苦しみから奥様を救ったのは、あなたなのですよ……」

老医師は、フランクルの手を握って静かに去っていった。

愛し合う者たちは、相手に先立たれた方が、嘆き悲しむ運命を背負わねばならない。視点を変えれば、相手が先に死んだということは、その苦しみを自らに引き受けたことになる。残された者の悲しみは、それゆえ、相手を苦しみから救ったという意味をもつというのだ。

このように、「生きる意味」を自覚させることで治療に導こうとするのが、ロゴセラピーである。これと似た話として、江戸時代前期に活躍した禅僧の盤珪《ばんけい》にまつわるエピソードもついでに紹介しておこう。

子供に先立たれ、悲しみに暮れる年老いた母親が、息子は極楽へいけるかどうか尋ねた。すると盤珪は、「残念ながら、このままでは、この子は地獄へいくな」と答えた。母親は驚いて、「なぜですか？　子供は何も悪いことはしていません」というと、盤珪はこう告げたのである。「親より先に死ぬ子供は親不孝というじゃろう。親を悲しませるのは、本当に悪い子供じゃ。だから地獄へ落ちるのじゃ」。盤珪のいわんとする意味がわかった母親は、悲しむのをやめたという。

ところで、以上の例だけを見ると、ロゴセラピーは単なる説教や精神論にすぎないように思われるかもしれない。だが、もちろんそうではない。

人間は、単なる精神論や正論だけでは生きていけないからである。

理屈は正しいとわかっても、それだけでは生きられないのだ。なぜか？「生きる元気」がないからである。元気、すなわち生命力がなければ、人間は生きられない。そして生命力は、繰り返し述べているように「ロゴス」からやってくる。

ロゴセラピーの目的は、あくまでもロゴスの生命エネルギーを呼び覚ますことにある。単なる説教や精神論、あるいは「ポジティブ・シンキング」の類いではないのだ。

では、具体的に何が、ロゴスを呼び覚ますのか？

今までの考察からいえば、それは、勇気、希望、信仰、愛、美の体験、使命感などであった。強制収容所の地獄を耐え抜いた人たちは、これらを通してロゴスを呼び覚まし、生きるバイタリティを喚起させていたのである。

そして、まさにこれこそが、フランクルのいう「意味」なのだ。

意味が、ロゴスを呼び覚ますのである。ロゴセラピーとは、意味を通してロゴスを覚醒させ、生命エネルギーを充電させる技法である。

フランクルは、哲学者ニーチェの言葉を引用して次のようにいう。

「意味さえあれば、人間はおよそどのような苦しみにも耐えられる」

■人間は死後も生きており、愛する人を見守っている

さて、こうした「意味」には、ある種の責任が伴ってくる。ここが重要なポイントである。やはり妻に先立たれ、絶望のあまり自殺を試みて入院してきた初老の男性と、フランクルは次のような対話を行っている。(E54)

「私が自殺を繰り返さないのは、妻の墓石を立てるという責任があるからです」

「その他には、何の責任もないのですか?」

「私にとって、すべては無意味だし、空虚なのです」

「しかし、すでに存在しない死者のために墓石を立てるといった、現実的な有用性や目的性を越えたことに責任を感じておられるなら、死者のために生きる責任もあるとは、感じられないのですか?」

その言葉を聞いた男性は、はっと気づくものがあり、生き抜くことを決意したという。

彼の内面に、いったい何が起こったのか?

この男性にとって、墓石を立てることは、愛する妻のためだと信じていた。それは「愛の表現」であり、彼女が喜んでくれる行為であると。

しかし冷静に考えれば、彼女はもう存在しないのだから、墓石など無意味ではないのか?

フランクルが暗にこう指摘したとき、この男性は、ある内的知覚を経験したのである。

それは、肉体が存在しなくても、その実存的本性を感じる、ある種の確信であり直感である（フランクルが強制収容所にいたとき、妻の幻影を見ながら、その存在の気配をありありと感じた体験を思い出していただきたい）。

彼女は、今なおどこかで、その実存的本性として生きており、自分のことを見守っている。墓石を立てれば、つまり彼女への愛を表現すれば、彼女は喜んでくれる。肉体は存在しなくなっても、彼女への愛の表現は、決して無意味ではない。そんな感覚なのだ。

ならば、墓石を立てること以上に、彼女が喜ぶこととは、いったい何だろう？

それは、生きることであろう。彼女は、自分が生き抜くことを望むだろう。それこそ最高の、彼女への愛情表現であろう。それは愛する者に対する「責任」であると同時に、愛する者を喜ばせる行為、まさに「意味」そのものではないか。

こうして男性は、生きる意味と責任を自覚したのである。

私たちが、自らの責任を果たすのを期待している存在、それは配偶者や友人といった生きている人たちばかりでなく、すでに死んだ人たちも含まれるとフランクルはいう。

彼らは、見えない領域から、常に私たちを見守り、私たちが責任ある生き方、意味ある人生を送ることを期待しているというのだ。

フランクルはそれを、客席に座っている観客にたとえている。

私たちは舞台に立って演劇をしているのだが、スポットライトがまぶしいため、こちらから客席を見ることはできない。しかし見えないとはいえ、そこには「観客」がいて、私たちがどのように感動的ですばらしい劇を演じていくのか、期待しながら静かに見つめているというのだ。

そして、そんな私たちを見つめている究極の存在が、ロゴスなのである。

■ハッとする感覚を得るためのアプローチ

もちろん、本当にロゴスが私たちを見ているといえるのか、そんなことは実証できない。仮にできたとしても、生きる元気が沸くかどうかは別問題である。むしろ、常に監視されているようで萎縮してしまうかもしれない。「なんで立派に生きる責任を背負わなければいけないんだ。どう生きようと自分の勝手だ！」といいたくなるかもしれない。

ロゴスとは要するに、宗教でいう「神」なのであるから、神をもちだし、それを信じさせようとするのであれば、もはやセラピーではなく、文字通り「宗教」になってしまう。

ところが、ロゴスが、そして他の存在が、どこかで自分たちを見守っているという感覚は、あくまでも個人の内面から自然に沸き上がるものなのである。決して外から植え付けられるものではないのだ。

この感覚は、人が意味を発見したときに、いわば同時的に生じるのである。「観客」に対する責任も、そのとき自覚されるのだ。この「内的な自覚」こそが、ロゴセラピーにおいては重要なことなのであり、それが特定の教義への信奉を要求される宗教(宗教をそのように定義すればの話だが)と違う点なのである。

したがって、ロゴセラピーでは、特定の価値観や意味を信じることを求めたり、責任を負うことを求めたりはしない。また、そうした方向へ意図的に誘導することもない。

ロゴセラピストは、あくまでも個人の意味の発見を手伝う「触媒」にすぎない。意味を教えることはできないし、いわんや説教などはその本分ではない。あくまでも、本人がハッとする感覚を得るためのアプローチをかけるだけである。なぜなら、生命エネルギーを喚起することができるのは、内的に自覚された「意味」より他にはないからだ。

ロゴスが私たちを見ているという確信が、内的自覚を通して得られたとき、それは決して責任の重荷としては感じられない。むしろ、より善く生きるための励ましや支えになるはずだ。

【18】運命は何のために訪れるのか？本当の自分に目覚めるために。

――いかにして与えられた運命の意味を知るか――

■課せられた運命にどう応えていけばいいのか？

意味と責任とは表裏一体である。

そのため、意味は単なる意味ではなく、同時に「課題」ともなってくる。すなわち人間は、意味（課題）を問われている存在であり、その問いに答える責任があるというのだ。

フランクルによれば、この責任を伴った意味（課題）は、独自性と一回性に分かれる。

独自性とは、その個人が果たすべき一生を通しての意味（課題）であり、いわば天命である。

一回性とは、ある状況に限定された、そのときだけの意味（課題）である。

たとえば「独自性」の場合、普通は日々の生活や要請を通して成就されていく。それは仕事であったり、子育てや家庭での務めであったり、交友関係であったりする。こうした活動を通して、自分だけに与えられた一生の課題(使命といってもいいだろう)に応えていく。

また「一回性」の場合は、文字通り一回だけで終わる単発的な意味(課題)であるから、何らかの出来事や事件といった形で生じ、たいていは短期間に終息する。たとえば思わぬ不運、挫折や失敗、家庭問題、人間関係のトラブルなどである。

もちろん、必ずしも悪いことばかりとは限らないのだが、傾向としては、やはり欲望や利己心との葛藤に悩むとか、厳しい決断を迫られるといった「試練」として現れることが多いようだ。その課題にうまく応えられるかどうか、試されているわけである。

「私はこの運命を課せられた。これにどう応えればいいのか？　何を始めればいいのか？」

このように、与えられた運命を課題として引き受けることを、フランクルは「事実の次元から実存的な次元へ移すこと」と表現している。つまり、単なる出来事にすぎない運命を、人生の意味を成就する機会としてとらえるということだ。

またフランクルは、運命の意味を模索することを「実存分析」と呼んでいる。

何らかの運命に遭遇したとき、「この運命は、なぜ訪れたのだろう？　何のために？　何の意味があって？　私はこれから何を学ぶべきなのか？　また、何をするべきなのか？」と、このように問いかけているとき、私たちは「実存分析」しているのだ。

ただし、単なる意味の探求ではなく、あくまでも「究極的な人間の実存であるロゴスの覚醒」に通じる分析でなければならない。言い換えれば、「ロゴスは私に何を期待し、それにどう応えればいいのか?」と探求すること、これが実存分析なのである。

■魂は知っている。人生に訪れる試練の意味が何であるかを!

人生の課題に応えるとは具体的にどういうことか、その実例をあげるべきであろう。特にフランクルと関係はないが、やや超自然的な分野から、ひとつ紹介してみたいと思う。

それは、逆行催眠と呼ばれる特殊な催眠術を使い、被験者を生まれる前の状態にまで逆行させ、その記憶を探るというユニークな実験である。

被験者を催眠状態にして「あなたは五歳になった、三歳になった……一歳になった……」と暗示をかけていき、ついには「生まれる前の状態になりました。さて、あなたの地上での使命を教えてください」と尋ねると、どのような課題をもってこの世に生まれてきたのか、被験者の「魂」が答えるというのである。

カナダのトロント大学医学部J・L・ホイットン博士が行った逆行催眠のうち、スティーヴ・ローガンという被験者の体験が、とりわけ注目に値するので紹介してみよう。(※6)

彼は、若い頃から、特に理由もなく父を毛嫌いしていた。あるとき、ふと気になって老人ホームにいる父を訪ねてみると、父は重体で生命維持装置につながれていた。スティーヴが近づいてみると、人工呼吸器のチューブが外れて苦しんでいたというのだ。

スティーヴはジレンマに陥った。見て見ぬふりをすれば、憎い父を死なせることができる。しかし結局、大声で看護婦を呼び、父は一命を取りとめたのであった。

ところで、その数年後、二十九歳になったスティーヴは、自転車に乗っていたところをトラックにはねられたのだが、幸運にも軽症ですんだという。

さて、彼を逆行催眠にかけたところ、彼の「魂」は、次のような秘密を語りはじめた。

「父の生死を決めたあの事件は、私が自分で計画した試練でした。何回もの過去生にわたって父が私に犯した罪を許してやれたら、私は自動車事故で死なずにすむことになっていました。私は試練にパスし、事故の後、その計画は終了したのです……」

以上の話がすべて真実であるとすれば、父親を助けたスティーヴは、フランクルのいう「人生の課題」にうまく応えたといえるわけだ。換言すれば「意味を成就した」のである。

父を見殺しにできた状況に遭遇したのも、それは生まれる前から計画されていた課題であり試練であって、この（一回性の）試練においてスティーヴが問われていたのは「父を許すこと」だったのだ。彼は見事その試練を克服した。フランクルの言葉を借りれば、「人生が課した意味の問いに行動で答えた」のである。

このように、私たちの人生は、無数の「一回性の課題(試練)」の連続であるというのが、フランクルの考えである。私たちは、人生が与える課題や試練にうまく応え、人生の意味を成就するよう期待されているというのだ。

とはいえ、常にいつも最善の応え方ができるとは限らないだろう。スティーヴの場合、どうして人生の問いにうまく応えることができたのだろうか?

■運命の意味を知る二つの方法

彼は、父親を助けるべきかどうか、じっくりと考えた末に行動を起こしたのだろうか?そうではないだろう。そんな時間はなかったはずだ。直感的な判断だったに違いない。心の奥で「父を許せ! 父を助けろ!」という声が聞こえたのではないか? 彼はおそらく、そんな良心の声に従ったのだろう。事実、フランクルは次のように述べている。

「一回性の意味の成就は、良心の直感によって支えられている」(G36)

良心の直感に従うことで、試練に応え、人生の意味が成就されるというのだ。

ただし、フランクルのいう「良心」とは、過去の道徳教育などで形成された観念や倫理基準のことではない。それは、あくまでもロゴスからやってくる純粋な直感であり啓示である。

スティーヴは、内なる良心の声、つまりロゴスの声に従って、人生の問いに答えることができたのである。すなわち、父を許すという行動ができたのだ。

だとすれば、こうはいえないだろうか。

ロゴスの声に従うことで、運命の課題（意味）に応えられるのなら、実はロゴスこそが「意味」の発信源ではないのかと。

まさにそうなのである。

宇宙の「調整原理」であるロゴスは、この世界で生じるあらゆる出来事の意味、人生に訪れるあらゆる運命の意味の、いってみれば大親分なのだ。この大親分が、私たちひとりひとりに「独自性」の意味を与え、さらにその場その時の状況に応じて「一回性」という無数の意味を与えているのである。

フランクルは、意味の大親分であるロゴスのことを「超意味」とも呼んでいる。

私たちは、自分にもたらされた運命の意味がわからないとき、超意味であるロゴスの声（良心）に耳を傾けることで、それをつかむ可能性が開かれるという。

そして、いわゆる「祈り」とは、ロゴスの声に耳を傾ける行為に他ならず、人は祈りを通してロゴスから答えが与えられるのだとフランクルはいう。

運命の意味をあれこれ模索する「実存分析」が、いわば下から上へと意味を探していく行為であるのに対し、ロゴスからの直感である祈りは、逆に上から下へと、ダイレクトに意味を把握する行為だといえるだろう。

ロゴセラピーは、これら両者の手法を尊重する。実存分析と祈り(直感)によって、ロゴスの課した運命の意味が何であるか、それを知るためのアプローチをかけていくのである。

しかしながら、超意味(ロゴス)そのものを知ることはできないとフランクルはいう。

私たちに自覚できるのは、あくまでも独自性あるいは一回性という、物質次元に顕現された意味だけなのだ。前掲の図表と同じく、私たちが知り得るのは、いわば平面上に投影された意味だけであって、立体である超意味を知ることは不可能だというのである。

それはなぜか?

私たちの認識能力の限界のために、超意味を知ることができないのではない。

この「知り得ない」ということが、実は超意味そのものだからである。ここには、ロゴセラピーの真髄と、フランクル思想がめざす深い真理とが隠されている。

【19】神が人間に期待するのは苦しみではない。レモンからレモネードを作っておいしく飲むことだ。

――自己処罰という誤った苦しみの意味づけ――

■苦悩は成長の機会であって目的ではない

フランクルにとって、苦悩とは、人間を成熟させせて真実の自分（ロゴス）を呼び覚まし、生きる意味を成就させるチャンスそのものである。

ということは、苦しみを避けてばかりでは、薄っぺらな人間、たいして意味のない人生しか期待できないのだろう。ときには、あえて苦しみを受け入れる必要もあるのかもしれない。

私たちはその例を、フランクルが両親のためにアメリカ行きのビザを断念し、強制収容所行きの運命を選んだことに見いだすことができる。避けようと思えば避けられた苦しみではあったが、それは人間として受け入れるべき苦しみであった。もしもあのとき、フランクルが逃避の道を歩んでいたら、まず間違いなくその後の彼も、またロゴセラピーも、誕生してはいなかったはずである。栄光に満ちた彼の後半生は、あり得なかったに違いない。

もしも内なる良心の声、すなわちロゴスが、その苦しみを受け入れることを望んでいるのであれば、またそんな確信が得られたならば、私たちは勇気を出して、苦しみの道を歩むべきなのかもしれない。それは長期的には、必ず幸福の地に導いてくれるに違いないからだ。

とはいえ、苦しみは、意味ある人生にとって、絶対に不可欠というわけでもないと、フランクルはいう。まして、やたらに苦しめばいいというわけではない。意味のない苦しみは、できる限り避けるべきだといっている。

たとえば、手術をすれば治る病気なのに、それを拒否して苦しむこと、モルヒネを拒んで痛みに苦しむなどは、(何か特別な理由があるなら別だが)意味のないことだという。

苦悩は、あくまでも成長の機会であり手段であって、目的ではない。苦しみを目的としたら、それは単なるマゾヒズムになってしまう。マゾヒズムには何の意味もない。人間は、意味もなく苦しむべきではない。

ただ、どうしても避けられない苦しみが訪れてしまったときにのみ、苦悩は、飛躍へのジャンプ台となり、与えられた課題として、意味をもつようになるのだ。

■苦しみは過去の罪の清算のために訪れるのか?

だが、苦悩に意味を見いだす際、この点にだけは注意しなければならない。

それは、自己処罰というあやまった意味を与えてしまうことである。

すなわち、こんな苦しみが訪れたのは、自分は悪い人間だからだ、罪深いからだ、過去に悪いことをしたからだなどと、このような意味づけをしてはならないのだ。

人はしばしば、苦しみに対して不合理な説明を行う傾向をもっている。強盗に襲われるといった、自分には何の罪も責任もない災難なのに、さまざまな理由をもちだして自分のせいにすることがある。たとえば、強盗をしたくなるような気持ちを自分が煽ったせいだとか、前世で自分が強盗をしていた報いだとか(どうしてそんなことがわかるのか?)、子供の頃おもちゃを万引きした罰だとか、信仰が足りないせいだとか、あらゆる理由づけをしてしまう。それがどんなにナンセンスであろうと、理由がないよりはマシなのだ。なぜなら人間は、意味もなく苦しむことには耐えられないからである。

しかし、こうした自己処罰的な意味づけは、結局、自分の罪を洗い清めるためだとされ、苦しみそのものが目的となり、マゾヒズムと変わらなくなってしまう。「私のような罪深い人間は苦しむべきなのだ」というわけで、意味のない苦悩を背負いこむことになるのだ。

しかも不幸なことに、自己処罰のあやまった意味づけは、しばしば他者に投影され、他者を傷つける結果にもなりかねないのである。

たとえば、だれかがぞっとするような不幸に見舞われたりすると、「あの人は罪深い人間だから、あのような不幸にあったのだ」と思い込んでしまうのだ。

少しくらいの不幸であれば、同情心が沸いてくるかもしれない。けれども、非常に恐ろしい不幸、自分には絶対に起こって欲しくない不幸に見舞われた人を前にすると、人間は不安に駆られてしまう。「こんな不幸がだれにでも訪れる可能性があるんだよ」と、その人が訴えているように感じられるからである。

すると、自己保存欲求が脅かされる。あのような災難は自分にはきてほしくない。

ならば、どうすればいいか？

その人と自分とは違うのだという「差別化」をすればいいだろう。つまり「自分はあのような災難を受けるような人間ではない」ことを証明すればいいのだ。

そこで、不幸に見舞われた人々を「悪い人間」だと決めつける傾向が、なかば無意識的に働くようになる。要するに「自業自得」だと考えたいわけだ。

「あんな不幸にあったのは、何か悪いことをしたんだ。当然の報いなんだ。自分とは違うんだ」

そう思い込むことで、自分を安心させようとするのである。

こうして私たちは、もっとも思いやりが必要な人に対して、もっとも冷たい拒絶や、罪を責め立てる非難の気持ちを向けてしまうことが、しばしばある。

いずれにしろ、自分に対してであれ、他者に対してであれ、不合理な罪の処罰意識には、何の建設的な意味もない。だいたい、過去に犯した悪業のせいで不幸に苦しむという説が真実かどうかなど、だれにもわからないのだ。もっと深いメカニズムがあるのかもしれない。苦しみそのものを目的とするような考え方に、どのような意味があるというのか？

第一、愛である神が、人間が苦しむのを望むはずがない。神が人間に期待しているのは、苦しみでは決してない。与えられた現状を、未来に向けてどのように活かすかである。

D・カーネギーという有名な弁論家はこういっている。

「運命がレモンをくれたら、それでレモネードを作る努力をしよう」

私たちには、レモンそのものを変えることはできない。けれども、それを酸っぱいままかじるか、あるいはレモネードにしておいしく飲むかの選択は、いつでも任せられているのだ。

【20】自分を忘れたとき、本当の自分を発見する。本当の自分を表現するとき、自分はいなくなる。

――自己超越のための三つの意味　創造価値・体験価値・態度価値――

■本当に意味ある行為とは何か

ひとことで「意味」といっても、さまざまである。金儲けが人生の意味だという人もいるだろうし、エベレストを征服するのが意味だという人もいるだろう。それが人生の本当の意味である、あるいはそうでないと決めつけることは、だれにもできないだろう。

けれども、ロゴセラピーでいう「意味」とは、あくまでもロゴスを覚醒させ、それによって生命力を呼び覚ますものでなければならない。

では、いったいどのような意味が、ロゴスを覚醒させるというのか？

今まで断片的に考察してきた限りでは、それは希望や信仰、使命感や責任感、愛や美の体験といったものだった。フランクルはそうした意味について、「価値」という言葉を使い、三つのカテゴリーにまとめている。すなわち、①創造価値、②体験価値、③態度価値である。

①創造価値＝創造行為を通して得られる意味

有形無形を問わず、価値ある何かを創造する行為、たとえば仕事、子育てや教育（立派な人間を創造する）、芸術活動や学問、事業や奉仕活動などに没頭することで、人はロゴスを覚醒させ、生命エネルギーに満たされる。世界への創造的働きかけが、この創造価値である。

フランクルによれば、人間の創造行為によって生まれる何かが未来に待ち受けているという。たとえば電灯はエジソンによって発明されたが、その電灯は、現実世界に存在するときを待っていたのだ。未来には、私たちによって生み出されるのを待っている、数多くのすばらしいものが存在しているのである。

②体験価値＝体験を通して得られる意味

創造価値を「能動的な体験」と呼ぶなら、体験価値は「受動的な体験」である。文字通り、体験や出会いを通して得られる喜びや感動で、具体的には、自然・芸術・愛の三つがあげられている。すなわち、自然や芸術の美しさに触れたり、愛する人との交流によって、ロゴスを呼び覚まし、生命エネルギーに満たされるわけである。

③態度価値＝運命（苦悩）に対し模範的な態度を取ることで得られる意味

創造価値も体験価値も得られない絶望的な状況においても、模範となるような思いやり溢れる高潔な態度を取ることで達成できる意味である。

ところで、最後の態度価値を理解するのは実に難しい。ここにはフランクル哲学の真髄が含まれており、それゆえ彼自身も、態度価値については角度を変えながら繰り返し言及している。

まずは、フランクルがしばしば取り上げるひとりの患者のケースを紹介してみよう。（L77）

広告デザイナーをしていたその若い男性は、悪性の脊髄腫瘍のため手足が麻痺し、デザイナーとして活躍できなくなってしまった。すなわち、この時点で「創造価値」は断たれてしまったことになる。しかし彼は、読書に励んだり、ラジオですぐれた音楽を聴いたり、あるいは他の患者との交流を通して「体験価値」を実現したのである。

ところが、その後、病気が進行して筋力が衰え、本を手にすることができなくなった。また頭蓋骨の神経の痛みのためヘッドフォンをつけられなくなり、音楽鑑賞も、他の患者との交流も無理になってしまったのである。ここにきて「体験価値」さえ奪われてしまったわけだ。

こうして、いよいよ末期となり、もう数時間しか生きられないと悟ったこの患者は、当直医のフランクルを呼び寄せてこう語ったという。

「苦痛を和らげるモルヒネを、いま注射しておいてください。そうすれば先生は、わざわざ夜中に起きて安眠を妨げられずにすみますから」

フランクルは、病気の辛さや苦痛に耐えた勇気もさることながら、最期になって、まわりの人を思いやる気持ちを発揮したことが、人間としてすばらしい業績であると称賛している。すなわち、これこそが態度価値だというのだ。そしてこう結んでいる。

「この患者が現役で活躍していたなら、すばらしい広告デザインを発表できただろう。だが、世界一立派で美しい広告デザインも、この死の数時間前のふるまいにはかなわないだろう」

たしかに、この広告デザイナーのふるまいは立派である。模範的であるし、第三者から見れば「意味」があるように思われる。だが、どうなのだろう。

こうした意味の実践によって、本当にロゴスが目覚めるのだろうか?

その前にまず、自分がそんな苦しい状況に陥ったら、立派にふるまえるだろうか? 我が身の不遇を恨み、健康で恵まれた人を妬みこそすれ、思いやりなど、発揮できるだろうか?

こうした疑問が、態度価値にはつきまとうのである。

創造価値や体験価値のように、それ自体が楽しく充実したものであれば、何も疑問はない。

意味などを問う必要もないほど嬉しさに没頭できる。

ところが態度価値のように、自分は苦しいのに、模範的で高潔な行為を実践するとなると、そう簡単にできるものではない。形だけの「やせ我慢」や、単なるフリならできるかもしれないが、心の底からは無理ではないだろうか。

しかし、それでは、ロゴスが覚醒されることはないであろう。

やはり、自分自身が何らかの喜びに満たされていなければ、本当に心の底から態度価値を実行することは、できないはずである。模範的に苦しみに耐え、模範的に死んでいくことは不可能に近いといえるだろう。

■意味ある行為とは、自分を忘れて没頭できる何かである。

そこで、あらためて意味とは何かを考えてみたい。

繰り返すように、フランクルのいう意味とは、ロゴスを覚醒させる何かである。創造行為だとか、自然・愛・美の体験が、まさに意味だといっているわけだ。

ではなぜ、こうした意味によってロゴスは目覚めるのか？

少し触れたように、真に意味ある行為に没頭しているとき、私たちはそれに意味があるかどうかなど、問いかけたりしない。人はそのとき、自分を忘れ、対象とひとつになっている。価値ある仕事に夢中になっているとき、愛する人と交流しているとき、美しい自然や、すばらしい芸術に接しているとき、人は自分自身を忘れている。

意味ある行為に没頭しているとき「これに意味はあるのか？」などと問いかける自分は、そこにはいない。いわば「無我の境地」になっている。

つまり、創造価値や体験価値がなぜ「意味」となり得るのかといえば、結局のところ、その行為が「自分」という意識を忘れさせるからに他ならない。

自分を忘れること、すなわち「無我の境地」を、フランクルは「自己超越」と呼んでいる。そして自己超越こそが、人間の本当の姿であるといっている。

「人間の実存的本質は、自己超越にある」（M104）

一方、私たちの究極の本質は、ロゴスであった。このことを考え合わせるならば、自分を忘れたときに、人はロゴスに近づくのである。これが要するに、ロゴスの覚醒ということなのだ。ロゴスは、自分を忘れたとき、無我の境地になったときに覚醒する。逆説的だが、自分を忘れたときに、人は本当の自分に目覚めるというわけである。

自分を忘れたとき、自分は対象と一体化して、そこに溶け込んでしまう。自分がいないから、対象を利用するという意識はない。絵を描くことに自分を忘れている人には、有名になるためだとか、賞をもらうためといった動機はない。絵を描くことを手段にはしていない。絵を描くこと自体に意味を見いだしている。無条件の行為、無私の行為がそこにはある。

ところが、「自分」があるうちは、なかなか無条件の行為、無私の行為はできない。なぜなら、そこに「自我(エゴ)」があるからだ。自我があるために、打算的で条件づけられた行為、利己的な行為しかできず、相手を単なる自己利益のための手段としか見なくなるのである。自我はある種の障壁であるから、相手と一体化できなくなるのだ。

ところが、すでに私たちは、強制収容所の苦悩を味わい尽くした人たちが、究極の絶望の果てに「本来の自分に生まれ変わった」のを見た。それはまさに、態度価値の状況そのものではないだろうか。つまり、態度価値とは、苦悩と絶望を通して自我が消滅し、自己超越して、本来の自分、すなわちロゴスに接近した自分が生まれることに他ならないのである。

そして、そんな人は、本来の自分(ロゴス)を表現する喜びに満たされている。

ロゴスは「愛」であるから、愛を表現する喜びに満たされているともいえるだろう。愛は無条件であるがゆえに、その喜びは、いかなる外的な状況にも左右されることなく確立される。いかに絶望的だったとしても、内面から沸き上がる喜びに満たされながら、愛ある行為を実践できるのである。これがつまりは、態度価値の実現ということなのだ。

【21】

名優は、いかにさえない役を演じても輝き、大根役者は、いかに輝かしい役を演じてもさえない。輝きこそが人生の幸福を決める。

――本当の幸福をつかむための新しい座標――

■苦悩とは、偽りの自分が死んでいく痛みである

現代に生きる私たちは、強制収容所のような極限を経験することはまずないが、仕事上での挫折や経済的な危機、家庭や健康面での問題などで、プライドも自己実現の可能性も、生きる希望も楽しみも、ときには身体の自由さえも奪われ、これでもかというくらい、苦悩のどん底に叩き落とされることがある。

だが、その苦悩は、死んでいく自我(虚構の自分)の痛みに他ならない。そのときこそ、自分を忘れること、つまり「自己超越」への最大のチャンスとなる。

後には何も残らないほど苦しみ抜いた末に、人は態度価値を通して、内面からほのかな喜びが溢れ出るのを感じる。それは快楽的な感情とはまったく違う喜びであり、空を映し出す湖のように、静寂でありながら深い喜びなのである。

他にも、残る二つの「価値」において、私たちは自分自身を忘れ、深い喜びが沸き上がるのを覚える。現代人の空虚感を満たしてくれるのは、まさにこの喜びではないのだろうか？

いかに成功し、名声をあげ、経済的に豊かになったとしても、そこから得られた喜びでは、この空虚感を満たしてはくれない。真に意味ある行為に没頭することによって得られる喜びだけが、空しい気持ちを満たしてくれるに違いない。

そうなると、私たちの本当の成功や本当の幸福とは何なのか、あらためて考え直して見る必要が出てくるだろう。

■社会的な成功は幸福にとってどれほど重要か？

私たちが普段いうところの「成功」とは、物質的な富や名声、あるいは恵まれた家庭などを手に入れることである。これらが手に入らない場合、それは「失敗」といわれる。そして人生の「勝ち組」だとか「負け組」といった差別化が行われる。

しかしながら、人生の価値を決めるのは、こうした基準ばかりではない。むしろ、人間としてもっと本質的な価値基準があるとフランクルはいう。それは「充足と絶望」である。

充足とは、精神的な充実感であり、絶望とは、実存的空虚感を抱えた状態である。これら二つの価値基準は、図のような座標軸に関係づけて説明されている。すなわち、水平軸上に「成功と失敗」、垂直軸上に「充足と絶望」である。

これを見ると、外的な成功や失敗に関係なく、充足することもあれば絶望することもあるのがわかる。社会的には成功した「勝ち組」であっても、実存的には「絶望」の状態にある人(座標右下)、社会的には失敗した「負け組」であっても実存的には「充足」した人(座標左上)もいるわけだ。地位も富もある人が、空虚感に悩んでノイローゼになったり、自殺するといった悲劇が起きるのも、垂直座標が絶望に位置しているためだ。これでは幸福とはいえない。

むしろ、幸福を決める基準となるのは、垂直軸ではないのだろうか。私たちは、成功すれば「充足」するのだと勘違いしているのである。しかし、必ずしもそうではないわけだ。

特に、人生の経験、それも苦しみの経験を積み重ねるに従い、人はしだいに「充足と絶望」という垂直次元で人生を考えるようになっていく。実際、人間の本性が「意味」を求める存在であることを考えるなら、外的成功度の水平軸ではなく、精神的充実度の垂直軸にウエイトをおいた方が、真に価値ある人生を送るにはふさわしいように思われる。

「人生は演劇だ。大根役者が王様になることもあれば、名優が乞食になることもある」

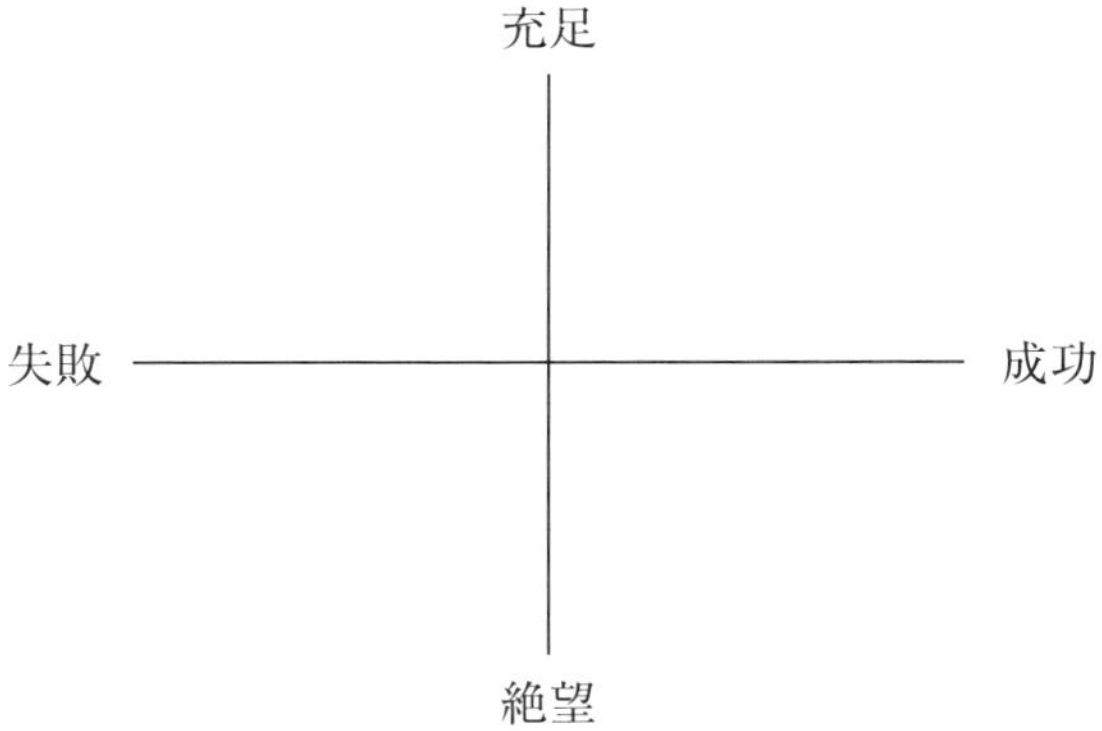

人生の幸福をつかむための新しい座標

こうシェークスピアがいうように、人生という「演劇」において、俳優として問われるのは、何の役柄を演じるかではない。いかに名演を披露するかなのだ。演じるのが喜劇か、あるいは悲劇かも、まったく関係はない。

大切なのは、いかに見事に演じるかである。それが「観客」を感動させ、ドラマの質を決定する。名優は、どんな役柄を演じても輝いている。大根役者は、どんなに立派な役柄を演じても、人を感動させることはない。だが、それでは人生に意味はないのだ。どんな役柄であれ、それを輝かしく演じたときに、人は心の底からの充足感をつかむことができるからである。

■私は生涯しあわせでしたが、何のためにこの世にいたのでしょうか？

ある女性が、十一歳になる息子を盲腸破裂のために亡くした。そして彼女には、車椅子生活を送らなければならない小人症の二十歳の息子だけが残された。彼女は人生に絶望し、自殺をはかったところで診療所に運ばれ、一命を取りとめたのであった。フランクルは、この女性を交えたグループ討論の会合に参加し、別の若い女性に、次のような質問をしたのである。（K 127）

「仮にあなたが、八十歳くらいの老人として、死が迫っていると想像してみてください。自分の人生を振り返りますが、その生涯は、社会的信望と性愛的な成功とに満ちたものではあっても、それ以上のものではありません。さて、あなたなら、どのような感想を抱きますか？」

これは、どちらがより意味ある選択であるかを判断する際に用いられる、ロゴセラピーのちょっとしたテクニックである。それぞれの運命を選択したと仮定して、その将来の結果を想定（疑似体験）し、両者を比較・検討するというもので、「共通分母の技法」と呼ばれる。

さて、この質問に対して、その若い女性は次のように答えた。

「私は生涯しあわせで裕福で、ぜいたくに慣れ親しみ、男たちといちゃつくことによって、彼らをからかい、何不自由なく暮らしました。でも、いま私は歳を取り、一人の子供も残さないのですから、私の人生は、厳密に考えれば失敗だったといわざるを得ません。なぜなら、墓の中へは何ももっていくことはできませんから。何のために私はこの世にいたのでしょうか？」

次に、自殺を図った問題の女性を指名して、やはり死ぬ直前の老婆だと想定させ、自分の人生についての感想を述べさせたところ、むせび泣きながらこう答えたという。

「私は子供たちが欲しいと望みました。この願いは成就されたのです。下の子は死に、上の子と私だけが後に残りましたが、もしも私がいなかったら、上の子はどうにもならなかったでしょう。あの子はどこかの知的障害者の施設に入ったでしょうが、彼を一人前の人間にしたのは、この私でした。私の人生は失敗ではなかったのです。たとえそれが困難なものだったにしても。事実、さまざまな課題に満ちていましたが、私がそれらを成し遂げるのに成功していたとすれば、それは意味をもっていたのです。いまや私は、安らかに死ぬことができます……」

この婦人の場合は、生きる意味を子供の世話に見いだしたのである。

もちろん、人生の意味は、子供の存在に限られるわけではない。それはひとつの可能性にすぎない。何であれ、自分を忘れ、自分を超越して情熱を傾けることができるのであれば、すべては意味となり得るのだ。

【22】人生の幸福は、どれだけ快楽を得たかではなく、どれだけ感動を得たかによって決まる。

――人生という演劇は「超世界」に保存される――

■すばらしい業績は永遠に保存され続ける

今までの考察から、フランクルのロゴセラピーは、次のような宗教的、あるいはトランスパーソナル的な二つの見解によって支えられていることがわかる。

一、時空を超えた存在が私たちの生きざまを見つめている。

二、過去の出来事は永遠に現存されている。

私たちの行動は、生きている者のみならず、死んだ者、すなわち肉体を脱ぎ捨てて「精神的存在」になった者によって、そして何よりもロゴスによって、常に見つめられている。といっても監視するためではなく、私たちの生きざまを期待しながら見守っているのだ。

また、地上で築かれた業績は、たとえ具体的な形や記録として残されなくても、決して消え去ることはない。それは現存する形として永遠に保存されるというのである。

では、私たちの業績は、いったいどこに保存されるというのか？　また、ロゴスや精神的存在になった人たちは、どこから私たちを見ているのだろうか？

この「どこに？」という疑問に対してのフランクルの回答は、「超世界」である。

超世界とは、物質次元を超えた永遠の領域である。永遠とは、時間が無限に続くことではなく、時間が存在しないこと、時間を超えていることだ。

そのため、たとえば時間軸上の芸術である「音楽」は、超世界では凍結されてひとつの「彫刻」となる。このように、時間を形あるものとしてとらえた概念を「時間ゲシュタルト」と呼ぶが、私たちの人生も(時間軸上に存在するがゆえに)、ここでは時間ゲシュタルトとなる。

すなわち、そうしたものは、時間の経過と共に消滅するのではなく、そのすべてが全体のひとつの実形態として、永遠の中に存在し続けるのだ。「人生そのものが時間ゲシュタルトであり、人生コースが完了した後、はじめて全体としての何かになる」と、フランクルはいう。(J48)

象徴的にいえば、人生とは、物質世界では音楽や演劇のような時間芸術にたとえられるが、超世界では彫刻や絵画のような空間芸術にたとえられるわけだ。生きるとは、いわば超世界に彫刻を彫っているようなものなのである。

したがって、私たちが死んで超世界に移行したとき、そうやって彫った彫刻が「あなた自身」になるのだとフランクルはいう。自分が地上で行った行為が凍結したもの、それがあなた自身であると。超世界において形態の素材となるのは、物質ではなく、ある種のエネルギー・パターンであり、それを形作るのは「行為」だからである。

そのため、もしも価値のある、すばらしい自分自身を築きあげたいのであれば、何よりもこの地上での人生を、価値のあるすばらしいものにしなければならないわけだ。

仮に、この人生を演劇(ドラマ)にたとえるなら、この「演劇」を、あなたは意味のある、すばらしい展開にもっていくことである。魅力的な俳優となって、感動的で美しいストーリーを演じていくのだ。そんな私たちを、超世界という客席にいる「観客」が見つめているわけである。それがロゴスであり、精神的存在になった人たちなのだ。

■何不自由ない人生には何の面白さも感動もない

ところで、人生が演劇で、私たちが俳優であるとすれば、「プロフェッショナル」としての私たちの使命は、観客を喜ばせ、感動を与えることにあるといえるだろう。

それでは、観客に喜びと感動を与えるような演劇とは、どのようなものなのか?

まず問われるのは、そのストーリー、物語の展開であろう。

たとえば、何不自由なく生まれ育ち、何不自由なく生きて、そして死にましたといった凡庸なストーリーでは、何の面白さも感動もないだろう。

一般に物語は、あらゆる試練や困難が次々に襲いかかってくるほど面白さが増すのだし、それに向き合う主人公の姿勢によって、感動がもたらされるか否か、決められるといえるだろう。困難を前に逃げ出したり、挫折したままで終わるような展開など、だれも魅力を感じない。一時的には絶望や挫折に落ち込んだとしても、最後には勇気をもって、あらゆる障害に挑んでいく姿勢に、私たちは感動を覚えるのである。

しかも、そうした行為が、エゴイスティックな動機でなされているのではなく、利他的に、すなわち愛を動機としているときに、最高の感動が沸き上がるだろう。いくら格好よく困難を乗り越えたとしても、それだけで感動をもたらすことはないだろう。

また、実際に障害を越えられるかどうかは問題ではない。観客が期待するのは、障害に敢然と立ち向かう内的な凛々《りり》しさであり勇気なのだ。外面的な結末は、それほど重要ではない。

その意味では、苦しみや試練は、「演劇」における最大の見せ場だといえるだろう。作品を感動的にさせる最高のチャンスなのだ。

観客は知っている。苦しみも困難も、いずれは主人公が勝利をおさめるための「お膳立て」にすぎないことを。私たちの人間的な弱さも醜さも、それ自体では、作品の価値を落とすことにはならない。それも結局は、人間の「強さと美しさ」を実証するための、あるいは強調するための前奏にすぎないと知っているからだ。結局のところ、感動とは、人間がその弱さを克服し、成長していくプロセスの中にあるといえるのではないか?

そんな演劇を見ている観客たちは、苦悩に沈む主人公に、聞こえない声援を送る。

「負けるな！　がんばれ！　勇気を出して、人間として正しい行動をするんだ！」

私たちの魂は、実際、人生をドラマだと考えているのかもしれない。自分のドラマを感動的なものにしたいという欲求が、私たちの心の奥に潜んでいるようにも思われる。

だからこそ、肉体は「快楽」を求めるが、魂は「感動」を求めるのではないのか?　両者はしばしば衝突や対立をするけれども、人間の本質が魂であることを考えるなら、自らの人生がどれだけ幸福で満たされていたかということは、どれほど快楽を得たかではなく、どれほど感動を得たかによって決まるのかもしれない。

私たちがいつか死を迎えるとき、自分の人生には意味があったと思わせる想い出があるとすれば、それは何だろうか。フランクルは二つほどあげている。

ひとつは、愛の想い出である。

「愛の経験が過去に収められたなら、その人生は無意味にはなり得ない」(O173)

そしてもうひとつは、苦しみを勇敢に耐え抜いた想い出であるという。それは何よりも誇りに思えるだろうというのだ。

「私には、勇敢に引き受けた受難があります。この受難は、羨ましがられるものではないかもしれませんが、私がもっとも誇りに思えるものなのです」(O171)

■絶望のどん底に存在するすばらしいチャンスとは?

フランクルは、末期癌に侵された、ある看護婦について語っている。死の少し前にフランクルが訪れたとき、人一倍働き者だった彼女は、絶望のどん底に打ちひしがれていた。(C29)

「私が一番苦しいのは、自分が何にもまして愛した職業を、もうやれなくなったことです」

そういって嘆く彼女に対して、フランクルは次のような言葉を返した。

「あなたが一日に何時間働こうと、別にたいしたことではない。だれだってすぐにまねができる。けれども、働きたいけど働けない。にもかかわらず絶望しない。これは、そう簡単にまねのできる行為ではないだろう」

人生という演劇においては、だれもが独自の役柄を演じなければならない。物語の進行にとって必要な、自分にしかできない役柄を与えられているのだ。それが「独自性」としての生きる意味であり、その意味を通して人間は、自らを越えていくのである。

「あなたは、看護婦として身を捧げた幾多の病人たちに対して間違っていないだろうか?」

厳しくも優しさに満ちた言葉が、続いて投げかけられた。

「病気や病弱で働く力のない人たちの人生が、あなたにはまるで無意味だとでもいうようだが、それは間違いではないだろうか？　あなたがここで絶望してしまえば、人生の意味が、まるで一日何時間働くかによって決まるかのようになってしまう。だとしたら、あなたはすべての病人や病弱者の生きる権利も生存の資格も何ひとつ認めないことになってしまう。

ところが実際は、今こそ彼らの生きる意味と価値を実証する唯一のチャンスなのだ。なぜなら今までは、単に職務上の看護をするだけで彼らを支えるのが精一杯だったのに、今後はそれ以上のチャンスがもてるからである。つまり、模範的な生きざまを通して彼らの生を支えるチャンスということなのだ」

【23】真の信仰をもっている人たちはすぐにわかる。彼らには優美さがある。自我や知性、地位や権力などにとらわれていないからだ。

――フランクルが説く「信仰」とは何か――

■努力したことは決して無意味にはならない

フランクルがいうように、ロゴスや「精神的存在となった者たち」が見守っているのであれば、たとえこの世のだれにも認められず、だれにも知られなくても、努力したことは無意味にはならないだろう。

また、私たちの業績が「超世界」に永遠の形で保存されるのだとすれば、それは時間と共に消え去る一時的な、しょせんは無に帰してしまう「はかないもの」ではなくなるだろう。人生の意味は、地上的な空間と時間の制約から守られることになるだろう。

だが、果たしてこれらは事実なのか？

そもそも私たちの人生に「意味」があるのかさえ、本当はわからないのではないか？

事実、宇宙はただ、無機的な運動を繰り返すだけのメカニズムであり、神なども、人間が作り出した幻想の産物にすぎないといわれたら、それを覆す確固とした証拠を提示できるわけでもない。

だが、そんな見解に対してフランクルは、ある小説の文句を引用してこう反論している。

「喉の渇きは、水が存在することを証明するもっとも確かな証拠だ」（M115）

たとえば私たちは、何か辛いことをしなければならないときなど「こんなことに何の意味があるのだろう？」と自問自答する。つまり、行為に意味を求めようとするわけだ。

こうした「意味への意志」が、なかば生得的に備わっているのは、もともと意味が存在している証拠だというのである。たとえるなら、ある生物に眼球があれば、その生息場所に光が存在していると推測することは十分に可能であろう。

ただしこの考え方は、厳密な科学的証明というよりは、間接的な論証であり、たぶんに「信仰」に支えられている面があることは否定できない。フランクルもその点は自覚しており、結局のところ、神や意味の存在を支えるのは「信仰」であるといっている。

もちろん信仰といっても、存在するかどうかわからないものを無理やり信じ込むことではない。信仰とは、内から沸き上がる直感的な確信である。

その典型的なケースを、次に見てみよう。(J154)

■この世に意味のあることなど、たったひとつしか存在しない

「遅かれ早かれ人生は終わるのです。そして後には何も残りはしません」

こういって虚無的な絶望感に沈む女性患者に対し、フランクルは次のように問い返した。

「今までに、あなたが大変に尊敬するようなことを成し遂げたり、達成したりした人に出会ったことはありませんか?」

すると彼女は、自分のかかりつけの医師がそうだったと返答した。

「どんなに患者の世話をし、どんなに患者のために生きたことか……」

今は亡きその医師の人生こそ、真に意味あるものだといったのである。

それに対してフランクルは、逆説的な質問を彼女に浴びせかけた。

「でも、その意味は、彼の人生が終わったとたんに、消え去ったのではありませんか?」

彼女は断固とした口調で答えた。

「いいえ、決してそうではありません。彼の人生が意味深いものだったという事実は、何ものも変えることはできません」

「たとえば、患者のただのひとりも、感謝の気持がなくて、そのお医者さんの世話になったことを覚えていないとしたら、どうですか?」

「彼の人生の意味は残っています」

「それとも、記憶力がなくなったとしたら?」

「残っています」

「それとも、ある日、最後の患者が死んでしまったとしたら、どうでしょうか?」

「残っています……」

彼女は、フランクルのソクラテス的な問答により、内的な確信(信仰心)を自覚したのである。だからこそ、断言できたのだ。だれの記憶に残らなかったとしても、あの医師の行為の意味は決して消え去ることはないことを。

アメリカ心理学のパイオニア、ウィリアム・ジェイムズもいうように、信仰心は、人間の動かしがたい普遍的な確信的信念なのだろう。おそらくそれは、ロゴスからやってくるに違いない。ロゴスのエネルギーが意識に入り込んできたとき、人は信仰に目覚めるのではないだろうか。

信仰とは、いうまでもなく独善的で差別的な教条主義に走ることではないし、人間らしい感情の欠如した、悟り澄ました人間になることでもない。

真の信仰をもっている人たちのことを、フランクルとは特に関係はないが、ライヒ派のセラピストであるアレキサンダー・ローエンが、実にうまく表現している。（※7）

「真の信仰をもっている人たちはすぐにわかる。彼らには優美さがある。信仰をもっている人たちの動きが優美なのは、からだのなかを生命力が、自由に、なめらかに流れているからだ。彼らの生き方が優雅なのは、自我や知性、地位や権力などにとらわれていないからだ。彼らは、からだとひとつになり、からだを通して、あらゆる生命とひとつになり、宇宙とひとつになっている。彼らのスピリットは、内なる生命の炎で照らし出され、光り輝いている……」

まるで、ロゴセラピーの核心を説明しているかのような、見事な見解といえるだろう。

ところで例の医師は、だれかに認められるために、感謝されるために、後世に名を残すために献身したのだろうか？

そうではないだろう。彼女の並々ならぬ信頼から推測して、その医師は、ただ患者のために治療を行ったのである。報酬は結果にすぎず、無条件にすべてを行ったのだ。患者のために生きることが喜びだったに違いない。

だが、もしも仮に、金や名声、他人の称賛を得るためだったとしたら、どうだろうか。

そういったものは、いずれ時間と共に消え去ってしまうから、そんな人生など、無意味で空しく思われてしまうに違いない。

永遠に意味が残ると直感させる内的確信、つまり信仰心は、結局のところ、愛を動機とする行為によって沸き上がるのだ。なぜなら愛こそが、ロゴスの本性だからである。

ロゴスは、愛を表現した「演劇」を見て感動する。そこに自分自身を見るからである。

それゆえ、永遠であるロゴス(愛)を表現した行為はすべて、ロゴスと共に永遠に残り続けるのだ。私たち人間の本質も、究極的にはロゴスと同じである。すなわち、愛であり、永遠の存在である。あの医師はしたがって、ただ「自分自身」を表現したにすぎないわけだ。しかしそれゆえにこそ、彼の人生の意味は永遠なのである。

こう考えてくると、この世で不滅な行為とは、いったい何なのだろうか。

ほとんどのものが、死と一緒に無に帰してしまう。無に帰してしまうのが無意味であるというのなら、この世に意味のあることなど、たったひとつしか存在しないことになる。

すなわち、愛を動機とした行為、それだけである。

【24】小さなことが気になるのは「自分は神のように完全であるべきだ」と思い込んでいるからだ。

——人はなぜ神経症をわずらうのか?——

■神経症は、人生の取り組み方に対する現代人の誤りに原因がある

精神科医フランクルのもとには多くの悩める人たちがやってきたが、もちろんロゴセラピーといえども、決して万能というわけではない。

ロゴセラピーが対象とするのは、実存的空虚、つまり生きる意味の喪失が原因となっている「精神因性の病気」だけである。これは精神疾患の二十パーセント程度だという。残りは、内分泌系や神経系統の障害などで生じる「身体因性の病気」、心のトラウマが原因の「心因性の病気」である。

そのためフランクルは、当然のことながら、やたらにロゴセラピーを用いたわけではなく、

あくまでも原因に対応した治療手段をとっていた。たとえば内分泌系統の異常で生じた鬱病の患者には薬を投与していたし、必要なら外科的手術を施したりもしている。この点を理解しないと、「心理学主義」と同じ過ちを侵すことになるだろう。すなわち、人間を一面だけの存在とみなしてしまうことになるのだ。

ところで、ロゴセラピーがもっとも効果的に治療実績をあげたのが「神経症」である。フランクルの説明する次の三つの神経症について、数多くの治療例が報告されている。

①不安神経症＝根拠のない不安に襲われるもので、典型として、人に会うと赤面するのではないか、どもるのではないか、あるいは眠れないのではないか（実際、その不安のために赤面したりどもったり不眠症になったりする）という症状。また、静かな演奏会場で大声を出すのではないか、自殺するのではないか、殺人を犯すのではないか、気が狂うのではないか（こちらの場合、実行に移されることはほとんど皆無である）という症状を示す。

②強迫神経症＝不合理な理由から同じ行動を繰り返さずにはいられない症状を示す。何回も手を洗わなければいられない、戸締まりをちゃんとしたか何回も確認しないではいられない、見るものすべての数を数えないではいられない、何かをする前に儀式的な行動をせずにはいられない、などである。

③性的神経症＝精神的な原因による勃起不能（インポテンツ）や不感症などである。

早くいえば、神経症とは、自分でも不合理で馬鹿馬鹿しいと思うのに、意に反するような行動(反応)をしてしまい、気に病んでしまう症状のことだといえる。自分はなぜ、こうしたヘンな行動をしてしまうのか、過敏に思い悩んでしまうのだ。

ただし、ヘンといっても、精神病があきらかに健常者とは違う症状を示すのに対し、神経症の場合は、健常者との境界はあいまいなことが多い。つまり正常な人でも、神経症患者の「ヘンな行動や反応」をすることもあるわけだ。たとえばだれだって、戸締まりをちゃんと確認したか気になることがある。いわば程度の差なのだが、言い方を変えれば、どんな人も神経症をわずらう可能性があるということなのだ。というのも神経症は、人生の取り組み方に対する、私たち現代人の根本的な誤りに原因があるからなのである。

いったいそれは何なのか?

とりあえず、神経症になるメカニズムから探っていくことにしよう。

たとえば不安神経症の場合、例として赤面恐怖をあげるならば、それを誘発させる最初のきっかけがある。それはたまたま異性だとか上司に会って赤面したといった経験である。こういうことはだれにでも起こり得ることだし、赤面したからといって、別にどうということはない。少しは恥ずかしく思うかもしれないが、普通はまもなく忘れてしまう。

ところが、神経症になる人は、このことを非常に気にしてしまう。普通の感覚ではささいなことが、重大なことに感じられるのである。あまりにも恥ずかしいこと、あまりにも奇妙なことに思えてしまうのだ。

そのため、赤面することに恐怖を覚えるようになる。「また赤面するのではないか」と不安になる。不安になるから逃げようとする。つまり赤面しまいとして緊張する。ところが、そのためにかえって赤面してしまうのだ。そしてますます不安になるという悪循環が繰り返され、ついには神経症になってしまうのである。不安神経症は、不安から逃避するために悪化してしまうわけだ。

一方、強迫神経症の場合も、基本的には同じである。

たとえば、一日に何回も手を洗わずにはいられないのも、最初は、何らかのきっかけがあったのだろう。そのとき、不潔であることは恐ろしいことなのだという恐怖心が植え付けられる。その結果、ほんの少しの不潔さも我慢できなくなってしまう。実際、われわれの手は、顕微鏡で見れば雑菌がうようよいるのが見える。不潔といえば不潔には違いないが、それで病気になることもないので、あまり気にする人はいない。

ところが神経症になる人は、それが非常に気になってしまう。ほんの少しでも不潔であれば、何か非常に悪いことが起きる気がして恐ろしいのだ。

しかも、赤面恐怖とは違い、不潔さは、洗えばとりあえず解決できるという手段がある（赤面は、自分ではどうしようもない不随意なものである）。

そのため、不安神経症がひたすら症状から逃げようとするのに対し、強迫神経症は、行為としては、ひたすら戦いを挑みかけるのである。つまり、徹底的に不潔さと戦い、手を洗いまくるのだ。

もっとも根本的には、その戦いも不潔さから逃避するためなので、どちらも恐怖を土台としている点で変わりはないのだが、いずれにしろ、しょせんは「負け戦《いくさ》」である。どんなによく手を洗っても、雑菌はすぐに付着する。そのため、手がボロボロになるまで洗い続けるといった重症に発展するケースもある。そうして本人は、戦いに疲れ果ててしまうのである。

■神経症に苦しむ人の性格的な特徴

フランクルは、こうした神経症に苦しむ人の性格的な特徴をあげている。（D134）

まず、すべてにおいて完璧であろうとする。あいまいなこと、暫定的なことが許せない。何でも明確に白黒つけねば気がすまず、ささいな欠点も我慢できない。わずかな道徳的難点があっても、大きな良心の痛みを感じ、罪の意識に悩まされる。自分は完全に汚《けが》れなき存在、純粋で純白な存在でなければならない。すべては完璧な合理性と確実性によって運営され、この世界のどんなことも把握し、自分の統制下に置かれていなければならない……。

特徴を浮き彫りにするため、やや極端な記述をしたが、およそこんな傾向が見いだせるという。早くいえば、「自分は神のように完全で万能でなければならない」という意識を心の底にもっているわけである。これは完全主義というより「完全妄想」というべきであろう。

したがって、彼らが戦っている相手は、本当は手に付着した雑菌などではないのである。神経症患者は、自分自身が「完全」になったという「実感」を得るために戦っているのだ。

すなわち、「自分は完全にピュアー(純粋)である」「自分は完全に世界を把握し統制している」という感覚を求めて戦っているのだ。手を洗うという行為は、いわば象徴にすぎない。完全に手がピュアーになれば、完全に自分自身がピュアーになったことになる。

だが、いくら手を洗っても「完全だ」という実感は得られない。常に不全感だけが残る。いくら戸締まりを確認しても、本当にしっかり確認したというリアルな実感を覚えない。当然である。本当に求めているのは、戸締まりの完全さではなく、「自分自身」の完全さだからだ。

赤面恐怖などの不安神経症も同じである。顔が赤くなってしまうのは、自分自身を完全にコントロールしていない証拠であり、臆病な証拠である(と思ってしまう)。そして、それが許せない。自分は完全でなければならない。少しの落ち度も欠点も弱点もあってはならないのだ。

同様に、性神経症も、「自分は完全に性行為ができる完全な人間でなければならない」という意識にばかりエネルギーが向けられるために、機能不全や性感喪失に陥ってしまうのだ。

フランクルは、予防的な措置として「百パーセントへの意志を克服するように勧め、百パーセント正しい認識と百パーセント正当な決断を断念するように勧める」としている。(D135)

また、神経症を含め、生きる基本姿勢としてのアドバイスとして、問題なのは自分に欠点や弱点があるかどうか、不安や恐怖を感じるかどうかではなく、それにどう向き合うか、その態度こそが大切なのだといっている。フランクルが紹介する次のエピソードは、神経症に悩む(つまり完全妄想に悩む)人に対する緩和剤となるかもしれない。(O71)

第一次世界大戦中、ひどい爆撃が繰り広げられる間、ユダヤ人の軍医と、ユダヤ人ではない貴族出身の大佐が、二人並んで狭い塹壕《ざんごう》の中に座っていた。からかうように大佐が言った。「怖いんだろう、君は。それこそ、僕たちアーリア人がユダヤ人より優れている証拠さ」。軍医は答えた。「そう。僕は怖い。しかし、どっちが優れているんだろう。怖いにもかかわらずここにいる僕と、怖さを感じないからここにいられる君。親愛なる我が大佐殿。もし君が僕と同じくらい怖がっていたなら、君はとっくの昔に逃げていったはずさ」

【25】人間は悩みに苦しむのではない。悩んでいる「自分自身」に苦しむのだ。

――神経症に威力を発揮する「逆説志向の技法」――

■怖れていることを敢えてすれば、悩みは即座に解決する

フランクルは、他のロゴセラピストによって報告された症例なども交えながら、神経症に関する治療例の数々を紹介している。次もまた、そのひとつのケースである。(K79)

手の震えに悩む四十八歳の婦人は、コーヒーカップをこぼさずにはもてないくらいの状態だった。面談中、彼女の手が震え出した。そこで、ロゴセラピストは次のような提案をした。

「どうでしょう。震える競争を一緒にやってみませんか?」

「何ですって!」

こうして二人は、一所懸命に手を震わせ始めた。

「まあ、先生は私より早く震えることができるのですね」

「もっと速く！　あなたもがんばらないとダメですよ」

だが、婦人はついに疲れてしまい、この奇妙な競争にギブアップしてしまった。

「もう無理です。続けられません」

そういうと台所へ行き、コーヒーを入れてもってきたかと思うと、それを飲み干したのである。カップをもつ手は、もはやまったく震えていなかった……。

次も同様のケースである。人前で話をするたびに、まぶたの痙攣（チック症状）が出て困っている青年に対し、「今度、人前で話をするときは、なるべくたくさん目をパチパチさせ、いかにすばらしくできるか披露してあげなさい」とアドバイスしたのだ。（K80）

青年は最初、この医者は頭がおかしいのだと思って取り合わなかった。ところが、いよいよ症状がひどくなってどうしようもなくなると、いわれた通り、人前で目をパチパチしようとしたのである。

結果はどうであったか？

まったくできなかったというのだ。以来、チック症は消えてしまった。

いったいなぜ、これほど劇的に、神経症が治ってしまったのだろうか？

患者たちは、自分が怖れている症状を、自発的に起こすよう仕向けられた。すなわち、震えることを怖れていれば震えるように、まぶたの痙攣を怖れていれば、それを痙攣させるようにいわれたのだ。

実は、これは「逆説志向」と呼ばれるロゴセラピーの治療技法のひとつなのである。すなわち、恐怖の対象から逃げるのではなく、恐怖の対象を志向する、つまり積極的に求めようとするのだ。

「恐怖を克服するには恐怖と向き合うしかない。怖れていることを敢えてするしかないのだ」

フランクルはこう考えた。神経症患者は、常に症状から逃げようとしている。あるいは逃げるために戦いを挑んでいる。そのためますます神経症にはまりこみ、悪循環のループから抜け出せないのだと。

そこで「逆説志向」のテクニックを使い、逃げることにストップをかけさせる。恐怖と対面させるわけだ。これが神経症ループを越える第一歩である。ただし、ここにはコツがある。

逆説志向は、深刻な顔をして悲壮感を漂わせて行うのではなく、まるで喜劇でも演じるように、笑いながら、ユーモアをこめることがポイントだというのだ。

「不安や強迫観念にまともに直面し、面と向かって笑うことを学ばねばならない」（D47）

フランクルの本を読み、独力で逆説志向を実践して神経症を治した読者からの手紙がある。

「私はあなたの本を拝読し、ロゴセラピーを試す機会を与えられました。ゼミで意見を述べるとき、突然、汗がだらだらと出ました。そのことを周囲の人に気づかれるかもしれないと不安になりました。そう考えると、ますます汗が出てきました。そこで、あなたが本に書かれていた逆説志向の技法を試したのです。すなわち、自分はどれだけ汗をかけるのか、ひとつみんなに見せてやろう、もっともっと汗をかいてやろうと思ったのです。すると、二、三秒もしないうちに汗が引いたのがわかりました。私は内心、おかしくてたまりませんでした」（M162）

逆説志向の実践には、どことなくユーモラスな感じが伴う。また、だからこそ効果があるのだ。そのため医師たちも、その「喜劇」に一役買って出ることさえある。

五十六歳の弁護士である男性は、自分の所得税を三百ドルだけ低く見積もり、国家を欺いたのではないかという強迫観念に襲われ、罪の意識が脳裏から離れなくなった。（K85）

もちろん、実際にそのようなことはなかったのだが、しかし本人は、いずれ詐欺でつかまり、検事に追跡され、監禁されて新聞記事に乗り、職業を失うのではないかという不安に悩まされ続けた。そんな事態に備え、ロンドンの保険会社と契約し、多額の保険金まで掛けていたのである。症状は悪化の一途をたどり、ついには精神病院に入院することになった。

そこで、ロゴセラピーにかかり、次のような定式を繰り返し念じるよう指示を受けた。

「ぜひこの身を監禁してもらいたい。早ければ早いほどよい。私を逮捕するがいいのだ」

この弁護士は、逮捕されることを望み、多くの間違いも申告ミスも犯し、仕事を混乱させ、自分の女性秘書に、自分は世界で最大の失策家であることを証明しようと企てた。そうして、ロンドンの保険会社から多額の保険金をまきあげてやろうとまで思うようにしたのである。

医師もこの「企て」に協力した。診察室などで彼に会うと、こういったのである。

「おや、これはこれは。あなたはまだ相変わらず大手を振って歩き回っていたのですか？　もうとっくに鉄格子の中に座っていると思っていましたよ。あなたが引き起こした疑惑事件の記事が載っていないかと、新聞を調べていたところだったんですがねえ……」

患者は大笑いし、自然に冗談がいえるようになっていった。

「私は何があっても平気ですよ。せいぜい、保険会社がつぶれるくらいのことですからね」

四ヵ月後、重症だったこの患者は見事に立ち直った。

■自分自身を笑い飛ばすことが、苦しみから解放される第一歩

逆説志向、すなわち「ユーモアをこめて恐怖と向き合うこと」で、なぜ神経症は治るのか？

すでに述べたように、神経症患者は、自分は神のように完全で、純粋で汚《けが》れなく、すべては自らの統制下にあらねばならないという「完全妄想」にとらわれている。強迫観念による不合理な行為は、「自分は万能なんだ、世界を掌握しているんだ」という感覚をつかむための象徴的な行為であった。

では、なぜそのような万能感を求めるのか?

もしも万能で完全でなければ、危険に襲われるかもしれないからである。万能でなければ敵に襲われるかもしれない。罪があれば、罰が与えられるかもしれない。すべてを把握し統制していなければ、予期せぬ事故が起きるかもしれない。つまり、そうした恐怖心のためなのだ。

そのため、神経症患者は「神」になろうとする。神になってはじめて絶対の安定があるからだ。彼らは不安定な状況に生きることができない。ちょっとでも自分の存在を脅かすあらゆるものに耐えられない。だから許せないのだ。手についた少しの「バイキン」が。玄関の鍵が少しでも開いている「可能性」が。赤面や震えや発汗によって暴露されるささいな「弱点」が。

そしてまた、これに何らかの狂気が伴うと、ユダヤ人のような「優秀な民族」が許せなくなってしまうのである。ユダヤ人はいつか、その優秀さで自分たちを脅かす存在になるかもしれない。そんな、ほとんどあり得ないような「可能性」にビクビクするようになる。

だが、〝ほとんど〟ではダメなのだ。〝絶対に〟その可能性がないといえるのでなければ。

ならば、絶対であるにはどうすればいいか?

ユダヤ人をひとり残らず抹殺するしかない。ホロコーストが行われたのも、ある意味ではヒトラーの(また彼を支持した人たちの)神経症的傾向が招いた悲劇だといえるのかもしれない。

それにしても、なぜ神経症者は、これほどの恐怖心を抱え込んでいるのか?

いうまでもなく、それは過剰な「自己保存欲求」のためである。あまりにも完全に自分を守ろうとするから、ほんの小さなことや、あいまいなことが気になって仕方がなくなるのだ。

つまり、あまりにも「自分」にとらわれ、自分に注意を向けすぎている状態になっているのである。

そこで必要なのは、そうした閉塞的な自意識から抜け出し、自分自身に距離をおいて客観的に見つめること、すなわち「自己距離化」なのである。逆説志向とは、自己距離化を促進させるための技法ともいえるわけだ。

神経症患者は、というより人間というものは、実際のところ、症状などの悩みに苦しんでいるのではないのだ。悩んでしまう「自分」に苦しんでいるのである。したがって、そんな自分自身から距離をおけば、苦しみから解放されるのである。

【26】不眠症を治すには、神様の胸に抱き寄せられるのだと信じて安心して待っていることだ。

――すべてはロゴスに任せることでうまくいく――

■ふざけることは悩みの「解毒剤」

逆説志向の実践、すなわち恐怖と向き合うには、当然だが非常に勇気が必要とされる。普通の人からすれば何でもないことでも、それを恐怖する人にとっては、文字通り恐怖だからである。対象が何であれ、それに敢然と立ち向かっていくわけだから、並大抵の勇気ではない。だれだって恐怖から逃げたいと願うであろう。

しかしながら、私たちの感じる恐怖の大部分は、生命の危険とはほとんど無縁である。その大半は、プライドや虚栄心にこだわる自我(エゴ)が否定されること、その恐怖なのだ。人前で赤面しようと、手が震えようと発汗しようと、生命が脅かされる危険はない。けれども、自我がそれに耐えられない。弱点や醜態をさらけ出せば、虚栄心がつぶれてしまうからである。虚栄心を支えにする自我にとって、それは「死」そのものであり、最大の危険であり恐怖だと思い込んでしまうのだ。

すなわち、私たちの怖れは、実際には（虚構の）自我の保存欲求からきているのである。必死で守ろうとしているのは本当の自分ではなく、ニセの自分にすぎないのだ。

逆説志向によって、恐怖と向き合う勇気を前向きに発揮していくと、虚栄心が崩壊し、自我が稀薄になってくる。恐怖は衝動の産物であるが、人間は衝動に打ち勝つ力を秘めているからだ。断固とした勇気の前に、虚構の自我はいずれ根負けしてしまう。そうして自分自身を越え、「恐怖する自分」がいなくなると、怖かったものが怖くなくなり、神経症が治るというわけだ。

ところで、症状に悩む患者に対し、その症状を起こすように仕向ける逆説志向は、その本人に「ふざけるんじゃないぞ！」とでもいいたくなるような、人を小馬鹿にした印象を与えるかもしれない。

しかしながら、完全妄想にとらわれている神経症患者にとって、ふざけることは何よりの解毒剤になってくれる。ふざけること、自分自身を笑うこと、すなわちユーモアの感覚で接することは、自分自身に向けられた過剰な注意をそらし、人生を客観的に、いわば演劇のように見つめる視点を与えてくれるからである。その結果、つまらない虚栄心で身も心もボロボロになってしまうことが、実際いかにこっけいな「喜劇」であるかもわかってくる。喜劇であれば、おおいに笑うべきであろう。自分の苦悩を喜劇として笑うことができれば、ほとんど治ったも同然といえる。

■「眠らない努力」が不眠症を治す

逆説志向は、不眠症の治療にも効果を発揮する。

睡眠薬なしには眠れない五十四歳の女性の症例がある。夜の十時に病室から出てきて睡眠薬を求めにきた彼女に、在庫を切らしたという(偽りの)理由を説明し、医師がひとつの提案をした。(K82)

「どうでしょう。もう一度横になって、しかし気分を変えて、今晩は眠らないように試してみてはいかがですか? 一晩中起きているように試してみては?」

症状を取り去るのが医師の務めだと思い込んでいる患者は、たいてい驚いてしまう。

「私は自分の頭がおかしいと思ってきましたが、あなたもそうみたいですね」

「それがあなた、頭がおかしくなるのが面白いときもあるんですよ。そうじゃありませんか?」

「本気でおっしゃってるんですか?」

「もちろんですよ。試しにやってごらんなさい。あなたが一晩中起きていられるかどうか、ひとつ知りたいんです。どうですか?」

そうして女性はベッドに戻っていき、「眠る努力」をやめて「眠らない努力」をした。

あくる朝、朝食を運んできた看護婦が見たものは、ぐっすり眠っている患者の姿だった。

いったいなぜ、彼女は眠れたのだろうか?

神経症タイプの不眠症患者は、眠るために戦おうとする。どんなことにも戦う姿勢で挑みかかるのが神経症タイプなのだ。「攻撃は最大の防御なり」だからである。過剰な自己保存欲求のため、つまり自分の身を守るために、戦わざるを得ないのである。

しかし戦うには、「自分」という意識をしっかりさせていなければならない。それに反して眠りとは、この自意識を失うことである。したがって、眠るために戦う限り、眠れなくなってしまうのだ。

もちろん、「眠らないでいるために戦う」ことも、同じ理由で不眠を招くはずなのだが、不眠症患者にとって眠らないことは、何ら特別なことではない。そのため、本気で戦いを挑んだりしない。自意識を保ち続ける緊張感は自然と緩み、そのために眠ってしまうのである。

■本来の能力を最大限に発揮するには

眠るという行為は、眠りに自分をゆだねることである。無意識の中に「自分という意識」を忘れることなのだ。自力的な努力によって眠りにつく者はいない。眠りとは、その瞬間には必ず他力的なのである。自分をあけ渡す気持ちが眠りを誘うわけである。

ところが神経症タイプの人は、自分を忘れることができない。自分を他者にゆだねることができない。それはなぜか？

理由は、世界に対する根本的な信頼感が欠如しているからである。

神経症患者にとって「世界」とは、ちょっとでも油断していると敵に襲われたり、災害にやられてしまうような危険な場所なのである。つまり、そんな世界観を無意識に植え付けられているのだ。

そのため、自分の身は自分で守らねばならないという、自力防衛的な意識が非常に強いわけだ。そのため、神のように完全で万能で、常にすべてを掌握し統制することを欲してしまうのである。こんな「世界」に、どうして自分をゆだねることなどできるだろう。そんなことをしたら、危険に身をさらすようなものである。恐ろしくて不安で、とてもできるものではない。

結局、だから眠れないのだ。自分が無意識になってしまったら、だれが自分を守ってくれるのか？　彼らは夜も警戒し、〝見張りを続ける〟ために、眠ることができない。

それに対して、この世界は「調整原理」が働いていて、すべてはうまくいき、安全であり、自分は守られているのだという世界観があれば、過剰に自己防衛しようとはしなくなる。

そういう信頼感をもった人は、むやみに戦いを挑んだりはしない。無意識になることも不安ではなく、安心して自分をゆだねることができる。不眠を治すには、こうした信頼感が必要だとフランクルはいう。

「人間は、たとえいつ彼が自分を無意識の中へ見捨てようとも、結局は恩寵の手の中へ落ちるものである。なぜなら、精神的無意識は恩寵の場であるからだ」（D185）

ここでいう「精神的無意識」とは、フランクルがロゴスの別名として使っている言葉である。すなわち、不眠症を癒すには、ロゴスへの信頼が必要だというのだ。ロゴスは恩寵の場である。決して悪いようにはしない。だから安心してロゴスの胸の中に飛び込んでいけばいいのだと。

こうした姿勢は、何も不眠症だけにいえることではない。

私たちは、ニヒリスティックな現代社会によって、だれもが程度の差はあれ神経症的な世界観を植え付けられていると考えられる。すなわち、この世界は信頼できない危険な場所だと感じているのである。

この認識は、あながち的がはずれているともいえないが、とはいえ内なるロゴスの英知と生命エネルギーを否定しては、人間としての実存そのものを否定することになってしまう。

なぜなら、人間がその本来の能力をもっとも発揮するときは、宇宙的な調整原理であるロゴスがうまくやってくれるという信頼（信仰）に満たされたときだからである。

これに関して、フランクルが紹介するあるヴァイオリン奏者のケースが参考になる。（D189）

この人は、できる限り意識的に演奏しようと努力した。ヴァイオリンを正しい位置に置くことから、演奏技術の細部に至るまで、意識的に「作ろう」としたのである。

だが、結局のところ、その努力は完全な芸術的挫折を招いただけであった。

彼に必要なのは、極端な反省と自意識過剰の傾向を取り除き、無意識への信頼を取り戻すことであった。そして、高い芸術性の霊感を与える精神的無意識（ロゴス）を信頼し、自らの作為的な操作よりも、無意識の自然な流れに身をまかせる方が、より高い芸術性が発揮できることを彼に理解させたのである。

その結果、彼の創造力は解き放たれ、豊かな音楽活動が実現したのであった。

【27】

愛の喜びは、捕まえようとすると逃げていく。愛を表現するときにのみ、それはやってくる。

――「脱反省」の技法による性的神経症の治療――

■快感を求めると快感は逃げていく

ロゴセラピーでは、性的神経症の治療については「脱反省」と呼ばれる技法が用いられる。

ある若い夫婦が夫の性的不能で相談にやってきた。(M177)

妻は、そんな夫を情けない男だと罵倒して不満をぶつけた。医師は次のように指導した。

「一週間の間、毎晩少なくても一時間は、裸になって一緒にベッドで過ごすこと。何をしてもかまわないが、(仮にできたとしても)性交だけは絶対にしてはならない」

一週間後、二人はやってきたが、指示が守れず三度も結ばれてしまったというのだ。

医師は怒ったふりをして、少なくとも次の週は指示を守るように告げた。ところが三日もしないうちに電話がかかってきて、今度は一日に三回も結ばれてしまったというのである。

次は、不感症に悩む女性のケースである。医師は、時間がなくて不感症の治療は二ヵ月先になると(偽りの)説明をし、代わりに次のような指示を与えたのであった。(M176)

「それまでは、オルガスム能力のあるなしについて気にせず、そのぶん、セックスの間は、注意を相手のパートナーだけに向けて欲しい」

次に患者が訪れたのは、二ヵ月後ではなく二日後であった。治療のためではなく、治ったことを報告するためにである。

このように、意識を自分自身(の機能)に向けるのではなく、行為そのものに向けさせ、自分を忘れさせる、さらには自分を越えさせるのが「脱反省」の技法である。

では、なぜこの技法が性的神経症に効果を発揮するのだろうか?

私たちは、不自然な社会生活や、誤った情報の氾濫などにより、「セックスは上手にしなければならない」という強迫的な観念を植え付けられている。テクニックが下手で女性を満足させられない男は「最低」なのであり、性的絶頂を得られない女性も、女として何か欠陥でもあるかのような、劣等的な気持ちにさせられてしまうのだ。すなわち、現代社会においては、性愛の領域までも、人はその価値を「機能」で決められてしまうのである。

こうなると、勃起することや性的快感を得ることは、もはや性的充足の問題という以上に、自我のプライドにかかわる問題となってしまう。セックスが虚栄を満たすための戦場となるのである。

戦いである以上、自分がうまく統制して、完璧かつ立派に〝遂行〟しなければならなくなる。さもなければ男性としてのプライド、女性としての魅力が否定されてしまう（と思い込んでいる）。脳裏にあるのは、「自分はうまくできるだろうか？」という、不安を伴った過剰な自意識なのである。

だが、勃起機能は不随意な中枢神経によって支配されているので、自意識の統制ではどうにもならない。それは性的に興奮したときにのみ、自然に機能する。そして性的な興奮は、女性の魅力に注意が向けられたときにのみ起こる。

ところが神経症タイプの人は、常に自分自身にばかり意識を向けているため、パートナーや性行為から性的に興奮させられるゆとりがない。結局、そのために機能不全に陥ってしまうのだ。性的不能に悩む男性の告白をフランクルが紹介している。（D147）

「私は詳しく自分自身を観察して、勃起がどうやって起こるか、それが十分であるか、そうでないかを見た。すると興奮は消えた」

ところが、医師によって性交を禁じられると、女性の欲求や期待という重圧から解放され、「うまく遂行しなければならない」という不安が消える（換言すれば、虚栄心が傷つく危険が回避される）ために、自分に注意を向ける必要がなくなる。戦いはやみ、そのとき初めて、相手の性的魅力に、あるいは性行為に心を開くようになる。そのため興奮が生じて、自然に性機能が回復するのである。

女性の不感症も基本的には同じである。「私は性的快感を感じなければいけない」と自分に注意を向けていると、その自意識が障害となってオルガスムが得られない。自己反省が過剰だと、快感に自分をゆだねることができないのだ。性的絶頂において、人は一時的に忘我状態になるが、不眠症と同じく、あまりにも自己防衛の姿勢が強いと、忘我、つまり自分を忘れることが不安でできない。そのために、どうしても快感に踏み込んでいけないのである。

人間は、快感を奪うことはできない。人間が、快感に奪われるのだ。ちょうど、眠りに奪われて眠りに入るように。

「眠りと少しも違わないのが愛の幸福である。それを不自然に、無理やりに求めると、小鳥のように捕まえる前に逃げてしまう。あなたが性の快感を諦めれば、それはひとりでに現れてくる。享楽することを考えてはいけない。また、あなた自身のことを考えてもいけない。性的快感のことを気にかけないほど、それはひとりでに出てくるのだ」（D146）

■機能ではなく「存在」を愛する人だけが、真実に愛する人である

ところで、充実したセックス・ライフについて、フランクルはこう語っている。

「人間の性生活は、それが単なる性生活以上のもの、まさに愛の生活であるときに初めて人間らしく、すなわち人間にふさわしくなる」（Ｃ94）

常識的な見解といえばそうだが、しかし私たちは、本当に「愛の生活」をしているだろうか。セックスを、快感を得るための手段にしたら、そこに愛はない。生殖のための手段であっても、それは動物の交尾と変わらない。セックスを手段とするとき、相手はその道具になってしまうからだ。すなわち、快感を得るための道具、子供を生むための道具である。相手を道具にする関係は「取引」であって、愛の関係にはなり得ない。

道具の価値は、その「機能」で決まる。機能が同じなら代替可能となる。人間もまた、それが取引の関係にすぎないなら、相手は代替可能となる。快楽や生殖が達成できれば、だれでもかまわないわけだ。なぜなら、愛しているのは人ではなく、その機能にすぎないからである。

たとえば、愛する人が死んでしまったとしよう。

そこで、クローン技術を使ってまったく同じ人間を複製し、なおかつコンピューターと脳を連結するインターフェイスが開発され、生前の人物とまったく同じ記憶を入力できたとしたら、事実上、まったく同じ人間ができあがることになる。

ならば、あなたは新しくできたその「パートナー」に満足し、死んだパートナーのことはすっかり忘れ、何もなかったように愛することができるだろうか？　愛する人を失った悲しみが解消されるだろうか？

人ではなく、その機能を、ある種の「タイプ」を愛していたにすぎないなら、できるかもしれない。「自分のための相手」だった人、つまり相手を道具としていた人なら、その「コピー人間」は、事実上、死んだ人とまったく同じ人間である。

しかし、自分よりも相手を大切にしていた人、つまり相手を本当に愛していた人なら、機能の同一性には何の意味もない。なぜなら機能とは、あくまでも自分に対するものだからだ。

本当に愛する人が問題とするのは、自分の喜びではなく、相手の喜びである。相手の喜びが自分の喜びなのだ。そして、喜ぶのは相手の「機能」ではなく、相手そのものである。その喜ぶ主体としての相手が死んでしまったのだから、どうして代替物で悲しみが癒えることがあるだろう。

この世には、「同じ機能」をもつ存在なら数多くある。だが、「同じ存在」は二つとない。存在は常にひとつである。機能ではなく「存在」を愛する人だけが、真実に愛する人である。

肉体的にも心理的にも、完璧に同じ「コピー」だったとしても、やはり目の前にいる人物は、かつて自分が愛した人とは違うことを知って、悲しみが癒えることはない。いくら同じであろうと違うのだ。真実の愛は、相手の肉体でも心でもなく、もっと本質的な何か――それを魂と呼ぼうと精神と呼ぼうと――その本質に向けられていたことを知っているからである。

本来、人間は、いかなる機能ゆえに愛されるべきでもなく、ただその存在ゆえに愛されるべきだということ、それゆえに代替不能であり、それゆえに、その関係は取引ではなく、真の愛の関係であるということ――セックスは、このような関係においてこそ真実に人間らしくなると、フランクルはいう。

このときセックスは、快感を得るための行為ではなく(快感は結果にすぎない)、愛の表現そのものとなる。愛の表現こそがセックスの本質なのだ。「表現」には何の目的もない。それゆえに取引にはならない。表現することが、喜びそのものとなる。

「セックスとは、愛の表現であり、愛の『肉体化』である」(O116)

たとえば舞踊において、肉体は芸術的な何かを表現する媒体であるように、肉体を用いて愛を表現する行為、それこそがセックスだというのだ。

【28】

自分を忘れ、仕事や人間に愛を傾ける人。そんな人にはすべてがひとりでにやってくる。成功も楽しみもである。

――本当の幸福をつかむにはどうすればいいのか?――

■幸福は求めれば求めるほど、ますます遠のいてしまう

フランクルは六十七歳のときに、カリフォルニアで飛行機の操縦訓練を受けている。登山といい飛行機操縦といい、高い所が好きな彼は、自らのロゴセラピー理論を「高層心理学」とも呼んでいる。人間の高い意識レベルを研究対象にしたからであるが、これはフロイトの「深層心理学」に対比させたものであろう。

さて、飛行操縦を指導する教官が、こんな説明をしたという。(K13)

「北から風が吹いているときに東へ向けて飛行すれば、飛行機ごと南東へ押し流されてしまい

ます。そんなときは、北東へ向けて操縦すればいいのです。実際には東へ飛び、目的地に着けるわけです」

これと同じことが、幸福についてもいえるのだという。

幸福をめざして進んでも、あらぬ方向に流されてしまう。そんなときは、むしろ別の方向をめざす。それによりうまくベクトル合成され、「幸福の地」にたどり着けるというのだ。

フランクルは、人生の幸福とセックスの快感を、いわば相似的な関係としてとらえている。後者は前者の縮図的な喜びというわけだ。すでに考察したように、セックスに快感を期待するのは間違いであった。快感を追いかけるほど、それは遠ざかってしまう。

幸福をめざして進む場合も同じだという。幸福は求めれば求めるほど、ますます遠のいてしまうというのだ。

ならば、何をめざして進めばいいのか？

ここに、ひとつの羅針盤がある。「人生の意味のコペルニクス的発想の転換」だ。

すなわち、私たちが人生に期待するのではなく、「人生が私たちに期待しているのだ」という発想に向けて進んでいくのである。自分のためではなく、いまだ誕生していない価値ある何かを創造するために生きるのだ。

では、人生は自分に何を期待しているというのか？

再び、相似形であるセックスを考えてみるなら、同じようにそれも、単なる快感享受のための衝動的行為ではなく、価値ある何かを生み出すための創造的行為のはずである。ならば、セックスの本質とは何であったか？

それは、「愛の表現」であった。

したがって、相似的な類推をするなら、人生もまた、私たちに「愛の表現」を期待しているといえるのではないか？

しかも、いかなる行為も超世界においては「彫刻化」され、永遠に保存されることを考えるなら、行為とはそれ自体が「作品」に他ならないわけだ。私たちは、愛を表現した作品の創造を期待されているのである。つまりはそれが「人生」なのだ。人生とは作品なのである。

すでに述べたように、フランクルが説いた人生の三つの意味（創造価値・体験価値・態度価値）に共通するのは、自分を忘れること、すなわち「自己超越」であった。

自分を忘れたとき、そこに深い喜びが沸き上がるのだった。それは、自分の本質であるロゴスを表現する喜び、すなわち愛を表現する喜びである。自分を忘れたとき、自己超越したときに、人は愛の喜びに満たされるわけである。

「快楽とは結果である。人間が自己超越を遂行するとき、つまり他の人間を愛したり仕事をすることに専心するときには、いつでも生じる副次的結果である。だから、快楽を手に入れ自己

を実現する道は、自己献身と自己忘却とを経由するのである」(M173)

愛をめざして飛んでいくとき、人は「恩寵の風」に運ばれ、幸福の地に流されていく。「自分の成功や楽しみには目もくれぬ人――自分を忘れ、ある事やある人に、仕事や人間に愛を傾ける人――そんな人には、すべてがひとりでにやってくる。成功も楽しみもである」(C90)

■空虚感や孤独を感じるのは、人がいないからではなく「自分」がいないため

ロゴセラピーとは、繰り返し述べてきたように、ロゴスを覚醒させる技法である。

ロゴスを覚醒させるには、自己超越が必要である。というより、ロゴスの覚醒と自己超越とは、ほぼ同義語であるといってよい。そして、自己超越のために起用されたのが「意味」(三つの価値)であった。なぜなら、人は意味ある行為に没頭することで自分を忘れる、つまり自己超越するからである。一方、神経症の治療などには、「意味」を経由せず直接に自己超越に導く「逆説志向」や「脱反省」のテクニックが用いられた。

いずれにしろ、ロゴセラピーがめざすのは自己超越なのである。自分を忘れることこそ、ロゴスという「本当の自分」と一体化する道であり、空虚感を満たす「本当の幸福」をつかむ道だからである。

ところで、解決されない疑問がひとつ残っている。

この世界の、この人生の究極の意味は、結局は何かということだ。

つまり「人間は何のために生きるのか」という根源的な問いへの解答である。

独自性あるいは一回性として与えられる「意味」であれば、実存分析や祈りなどによって、比較的すぐに把握できる。それは「自分がこの世界で果たす使命」だとか「訪れた運命にどう対処するか」といった、きわめて具体的で地上的な課題だからである。

しかし、人生の究極の意味となると、どのようにしてそれをつかんだらいいのか？

究極の意味――フランクルはそれを「超意味」と呼んでいるのだが、彼によれば、超意味が何であるか、人間には決して知ることはできないという。「人は何のために生きるのか」といった根源的な意味への解答は、私たちにはわからない。そういうのだ。

ここにきて、何と失望を感じさせる言葉であろうか。だれもがこうした疑問を抱いているだろうし、生きる支えとして、熱烈にその解答を渇望している人も少なくないはずである。それが得られないというのなら、私たちの実存的空虚感も完全に満たされることはないだろう。

だが、あわてずに、もう少し慎重に考察を進めていこう。

超意味とはロゴスのことであり、ロゴスは私たち人間の究極の本質であるから、超意味を把握するとは、要するにロゴスと一体化し、ロゴスになること、換言すれば「本質的な自分自身」になることである。そうなったとき、人は自らを意識することはないとフランクルはいう。

「完全に根源的な〝自分自身〟であるとき、精神は自分自身に対して無意識である」（G29）なぜなら、ロゴスは愛だからである。愛とは自他の区別なき一体感のことだ。そこに「自分」は存在しない。つまり自己超越している。したがって、ロゴスそのものが自らを意識していないことになるのだ。

だが、超意味であるロゴスが自らを意識していないとは、どういうことなのか？

つまりはこうである。超意味と自己超越と愛とは、すべて同じことなのだ。それらは異なった側面からロゴスを表現しているにすぎないのである。

それゆえ、私たちが意味ある行為に没頭するとき、自分を忘れ、無我の境地になるのである。意味をつかむこと、自分を忘れることは、実は同時に起きているのだ。意味の把握と自己超越とは表裏一体であり、同じ現象なのである。

したがって、「超意味とはこうだ」というようなものがどこかに存在し、もったいぶって隠されているわけではないのだ。人間の認識能力の不足によって、それが把握できないわけでもないのである。「超意味が何であるかを知る自分そのものが存在しない状態」、つまり自己超越した状態、それがまさに超意味だからである。換言すれば、「愛が何であるか知ることはできない」のと同じことなのだ。なぜなら、愛が何であるかを自覚する自分が存在しない状態、それが愛だからである。

フランクルはいう。「人生の究極の意味は超越である」と。(I 183)
これに対し、通常の意味が自覚できるのは、それが自己超越のための触媒だからである。要するに、超意味は自己超越そのもの、通常の意味は、自己超越のための手段なのだ。
人間が、自らの存在と生きる意味に疑問を投げかけるのは、結局のところ、自分自身が本質的な自分(ロゴス)とかけ離れているからである。空虚感や孤独を感じるのは、そばに人がいないからではなく、本当の自分がいないからなのだ。「自分」がいれば、決して意味を問うことはない。なぜなら「自分」こそが究極の意味(超意味)だからである。

■人は何のために生きるのか? その究極的な解答とは?

結局のところ、「人は何のために生きるのか」という問いに対して、私たちはどう応答すればいいのだろうか? それを自覚する自分がいないわけだから、どう答えればいいのだろう? 「(本来の自分は)完全に忘我の状態になっているから、自分自身をその真の存在において反省することは不可能である。本来の自分は、ただ実現することができるだけのものだからだ」(G 26)
実現すること、すなわち、本当の自分を表現することによって、私たちは人生の根本命題に応答するのだとフランクルはいっているのだ。
したがって、人間は何のために生きるのか? この問いの解答をつかんだ人は、もはや何も語ったりはしない。ただひたすら自分を忘れ、愛を表現して生きるだけである。その生きざまこそが、人生の究極の問いに対する無言の解答なのである。

フランクルとの面談で、ある相談者は次のように述べている。(J111)

「今までに、意味を問わない瞬間がたしかにありました。そのとき、意味はまさしくそこにあったのです。私は存在との一種の合一さえ経験します。そしてこれは、偉大な神秘家たちによって伝えられてきたような、神に接近した経験と同じ種類のものといえるでしょう」

【29】あなたがいるだけで世界は意味をもつし、生きている意味があると思わせる人生こそ最高だ。

——人は無自覚に存在することで実力を発揮する——

■存在感のある人とは、どのような人か？

旧約聖書の「出エジプト記」第三章には、モーセが神に遭遇する場面が描かれている。

「イスラエルへ行ったとき、あなたの名を尋ねられたら、何と答えればいいのでしょうか？」

メッセージを受け取ったモーセが尋ねると、神は、次のような答えを返した。

「われは〝存在するもの〟である。イスラエルの人々にはこう告げよ。ヤハウェ（存在する）という方が、私をあなた達のもとへつかわされたのであると」

神とは「存在するもの（I am What I am）」だという。また、ヤハウェと呼ばれるユダヤ教の神の名も、古代アラマイ語の「存在する」という意味の動詞が由来らしい。神は自らを、名詞ではなく動詞で称しているわけである。なぜか？

神が〃存在する〃とは、単に静的な「ある」状態ではなく、前向きに自らを表現している動的な在り方に他ならないからだ。

たとえば、「存在感」という言葉がある。存在感のある人は、何も語らなくても威厳や魅力に溢れ、まるで周囲からオーラのような影響力が放たれている感じがする。だれもが一目置いてしまうような、そんな雰囲気をもっているのだ。存在感を打ち出すのは、内なる神（ロゴス）なのであろう。

すでに述べたように、超意味であるロゴスを根源とする人間は、存在することそのものが意味であり、存在を通して意味（愛）を表現するというのが、その実存的本性であった。

したがって、ロゴスのエネルギーを受け入れている人、換言すれば、自己超越した人は、まさに意味に満ちた存在感を放つようになる。存在そのものを通して、他者に意味（ロゴス）の実在を呼び起こす不思議な魅力をもっているのだ。フランクルはこう伝えている。

「ある特定の人を目の前にして心をとらえるあの感情、言葉で表現すると『こんな人が存在するだけでも、この世界は意味をもつし、この世界の中で生きている意味がある』とでもいいたくなるような感情は、だれもがよく知っている」（L36）

そうした人はロゴスを表現している。生命エネルギーを、宇宙の調整原理を、愛を表現している。地上に創造的な成長と活力をもたらし、世界を調和に導く生き方を送っている。フランクルは、そんな人たちの存在を、やはりユダヤの聖典である『タルムード』から引用して説明を加えている。(L15)

それによれば、世界の調和的存続は、わずか三十六人の義人、すなわち神の摂理を実行する人たちによって支えられているという。彼らの大半は、農民や職人、商人といった地味な職業に従事しており、あまり目立たない謙虚な人たちだというのである。しかも彼ら自身、世界の調和を支えている「三十六人の義人」のひとりだと気づいていないというのだ。

にもかかわらず、その模範的な生きざま、その存在を通して、人々に計り知れない影響を及ぼしているのである。

なぜ彼らに、それだけの力があるのか?

社会的な権力をもった人たちの方が、より大きく世界を動かせるのではないか?

ところが、必ずしもそうではないのだ。虚栄的な自我が介在している限り、生み出されるのは二元的対立の産物であって、愛ではない。いかにそのパワーが強大でも、愛がなければ、世界は依然として空虚なのである。人類の精神的な成長と幸福という点でいえば、この世界が回転の主軸にしているのは、やはり愛に他ならないからだ。

ロゴスの一元的な意識(愛)を体現した人の存在は、連鎖反応的に絶大な影響をもたらしていく。人の愛（ロゴス）を呼び覚まし、その人がまた別の人の愛を呼び覚ましていく。大火災を引き起こすにしても、小さな火で十分である。社会的にはいかに小さくても、愛の力があまりにも偉大なので、ユダヤの伝説では、「愛の火付け役」は、世界に三十六人もいれば十分だといっているのだ。

■自分を捨てたとき、人は本質的に変容して意味そのものになる

ところが、興味深い話はさらに続く。

彼らが「義人」であると見破られ、本人もそれを自覚したとたん、〝引退させられてしまう〟というのだ。義人ではなくなり、世界を支えることはできなくなってしまうのである。

なぜなら、ロゴスは無意識であり、自分という意識はなく、本来の人間もそうだからである。自らの「存在意味」を自覚したとき、もはや意味は失われてしまう。自己超越こそが意味だからである。ロゴスのエネルギーは遮断され、それを地上に媒介させる経路として働けなくなってしまう。存在感は失われ、存在を通して意味（愛）を表現できなくなってしまうのだ。

したがって、私たちは、使命感だとか生きる意味といったことさえも、実は忘れなければならないし、無意識化しなければならないのである。

たしかに、実存分析を通して、患者は生きる意味を自覚した。それは愛する人への献身だっ

たり、仕事への使命感だったりした。宗教者であれば、神の僕《しもべ》、神の道具と自覚することであろう。だが、それは一時的なプロセスでなければならないのだ。

たとえば道に迷ったら、方位磁石を見て方向を確かめるのは必要である。しかし、方位磁石を見ていては歩けない。同じように、実存的空虚に悩む人が、一時的に具体的意味を自覚することで、混乱した内面に秩序を回復させることは必要である。

とはいえ、意味を自覚し続けたら、神経症患者と同じ過ちを犯すことになる。意味を追い求めるあまり、逆に意味が失われ、空虚になってしまうのである。なぜなら、「自分」にとらわれてしまうからである。究極の意味は、自己超越であり無意識であって、具体的に自覚され得る意味は、あくまでもそのための手段にすぎない。意味に固執すると「自分を忘れるのを忘れてしまう」のだ。

意味を求めれば求めるほど、真の意味は逃げていってしまう。セックスの快感や幸福の追求とまったく同じことが、意味についてもいえるわけだ。闇を見ようとして光を照らすようなもので、究極の意味を知ろうとすると、それは消えてしまうのである。

これに関連して「あなたはどうやって百本もの足を動かして歩けるのですか?」と質問されたムカデが、歩くのを意識したために歩けなくなってしまったという笑い話を、フランクルが紹介している。意味であれ何であれ、自意識があると、本来の実力が妨げられ、世界に対して意味ある仕事をできなくさせてしまうのだ。
したがって、ロゴセラピーが最終的にめざすのは、自覚された意味を、再び無意識に戻してやることなのである。自分を忘れ、「愛の表現」を志向させることによって。
自意識を捨てたときにこそ、ロゴスのエネルギーは流入し、私たちは本質的に変容し、意味そのものになるのだ。
「自分は『神の道具』だとか『仕えている』などと問うべきではなく、自分の仕事に専心すればするほど、摂理は〝その人において働き〟、その人を通して成就される。人間の役割は一種の触媒であって、無自覚、無反省に専心すればするほど、人間は役立っている」（I202）
無自覚に存在することが、いかに大きな影響力を放つものか、フランクルは、当時の新聞に掲載された投書記事を紹介しながら訴えている。（C150）
「頭の骨が母体内で癒着したため、脳に障害をもった子供が生まれてきました。私は当時十八歳でした。私はこの子を神のように崇めもし、また限りなく愛しました。子供は歩くことも口をきくこともできません。私は愛する娘に栄養剤や薬を買ってやるために、昼も夜も働きました。そして私が娘の痩せた小さな手を私の頰にからませて『ママのこと好き？』と聞くと、娘は体を私の方に押し付け、笑いかけて、小さな手で不器用に私の顔をなで廻しました。そんなときほど幸せなことはありません」

知的障害をもっている人は、ある意味で「自我の障壁」が稀薄なために、ロゴスのエネルギーのすばらしい媒体になっていることが多い。そのため、何もいわなくても、ただ存在するだけで、周囲の人のロゴス（愛、意味）を覚醒させるのである。精神発達遅滞者を収容する施設の牧師の言葉を、フランクルは次のように紹介している。（J172）

「発達が遅れている人たちは、伝えることのできないほど多くのことを私に教えてくれました。彼らの世界は偽善が追放されている世界なのです。それは、微笑みがあなたの愛情に対するパスポートであり、目の輝きが、冷たい心を溶かすような王国なのです。おそらくこれは、精神発達の遅れている人たちならば決して失わない属性を、この世界は再発見しなければならないということを、われわれに思い出させようとする神の行為なのでしょう……」

彼らは、その存在によって訴えかけている。世界が再発見するべきものを。

それは、失われた人間の属性、すなわち、存在から滲み出る真心に他ならない。

どんな人も、どんな生命も、無言の声で訴えかけている。

「私はここにいる。私は、ここに、いる。私は存在しています。私は永遠の生命です……」

【30】いくらすばらしい技術があっても人は癒せない。人間的な触れ合いと愛の交流がなければ。

――人を癒すのは技術ではなく、人間的な触れ合いである――

■苦しみには必ず意味があるのだと信じる

結局のところ、フランクル哲学の真髄は、「態度価値」にあるといえる。なぜなら、態度価値こそが、ロゴス(愛)を覚醒させる最大のチャンスだからである。態度価値には、いかなるごまかしも、偽善も、入り込む余地はない。自我を喜ばせるあらゆる要素は失われている。他の価値、たとえば創造価値や体験価値では、単なる自我の満足を「愛の喜び」だと錯覚させる可能性が潜んでいる。しかし、徹底的な絶望である態度価値に、その可能性はまったくない。人は態度価値において、裸の実存として立たされる。いかなる期待も希望も断たれた状況におかれて、私たちは初めて、ひとりの人間として、その生きる姿勢を人生から問われるのだ。

「おまえが何をしようと、何の得も見返りも、慰めも期待できない。感謝もされなければ、認められることも、愛されることもない。さあ、おまえはどのように生きていくか？」

これが「演劇」の最大のクライマックスである。人生の勝敗を決める瞬間である。

こうした、完全に無条件の状況に追い込まれてこそ、真実の愛は試され、あるいはまた、真実の自分を閉塞している自我の殻を破る最高のチャンスとなる。こんな状況でも、愛を貫くことができるのか？

自我とは、いわば衝動的な機械であり、本質的に条件づけられたもので、報酬なしに作動することは決してできない。カネを入れなければ品物を出さない自動販売機と同じである。

たいていの人は、この機械性に閉じ込められているので、何らかの報酬なしに愛することはできない。「愛してやる。そのかわり……」という交換条件、取引の発想から抜け出せない。

そんな機械性を越えるのは容易ではない。真心をこめて愛しても、何の報われもなく、裏切られ、失意に終わるばかりなら、それはあまりにも苛酷で、あまりにも悲しい。ニヒリズムの猛攻撃に、じわじわと後退せざるを得ない。希望はもう擦り減っている。疲れ果て、傷だらけになった人間は、ついに絶体絶命の実存的危機、崖っぷちに立たされる。

そして、こう叫ぶのだ。

「愛することに、いったい何の意味があるというのか！」

これは、意味に対する究極の問いである。ニヒリズムとの最後の闘いである。この問いに「意味などない《ナッシング》！」と答えてしまったら、人は実存のすべてを否定し、すべてを放棄することになる。彼はもはや、機械であるモノにすぎない。世界もまた、ニヒリズムの暗闇に沈んでしまう。

だが、本質的にロゴスを根源とする人間の精神は、愛すること、それ自体に絶対の価値があることを、直感的に知っている。これは「良心」というロゴスの声を通して把握される。

「最後の抵抗において、いかに精神が、この慰めも意味もない世界を乗り越えるというのか？この究極の意味に向けられた究極の問いに対して、しかし人間は、勝利の肯定の声がどこからともなく歓呼して近づいてくるのを感じるのである」(A128)

これこそが、外的条件に依存することのない真実の意味であり、真実の愛なのだ。これが内面に確立されたとき、人は初めて真の実存となり、その存在を輝かせるのである。私たちはただ、内なる深遠からその意味が、その愛が生まれ出るまで、じっと耐えて待つしかない。それを支えてくれるのは、苦しみには必ず意味があるのだというロゴスへの信頼(信仰)に他ならない。

苦悩に耐える修道女の言葉を、フランクルは「人間の記録」と呼んで紹介している。(J164)

「私は真空の中に投げ込まれたように生きている。神さえも沈黙している。そんなときは死にたくなる。しかし信仰が、その苦悩を神の賜物に変えてくれる。神は、魂の中に聖堂を築き上げる。私の魂の中で、神は基礎を掘り起こしているのだ。私がしなければならないのは、神のシャベルで打たれても、いつでも平静を保つことなのだ」

■彼女が自殺をやめた本当の理由

苦悩の中で、人間はニヒリズムという深淵に今にも落ちそうになる。ぎりぎりの決断を迫られるのだ。フランクルは、強制収容所の人間がどうなったか、次のように振り返る。

「すべてのものが人間から抜け落ちた。金も権力も名声も。もはや何ものも確かではなくなった。人生も、健康も、幸福も。すべてが疑わしくなった。虚栄も、野心も、縁故も。すべてが裸の実存に還元され、苦痛に焼き尽くされ、本質的でないものはすべて溶け去った」（L13）

こうした極限の苦しみにおいて、多くの人は生きる意味を失ってモノのようになった。しかしある人たちは、人間本来の実存に戻る決断をくだし、人間的に高い成長を遂げたのである。

「だが……」とフランクルはいう。

この決断にあたって、決定的な役割を演じたものがあると。

「それは、他者の実存、他者の存在、つまり他者が示す模範である。それは、何を語り、何を

書き記すよりも効果があった。存在はいつも、言葉より決定的だからだ」(L14)

意味(ロゴス)を見いだす上で、他者の存在がいかに大きなものであるか、それはまさに言葉よりも決定的だというのだ。次のエピソードが、それをよく物語っている。(N179)

「たった今、自殺することに決めました」

午前三時、フランクルは女性からの電話を受けた。時間をかけて説得し、自殺のプラス面とマイナス面を話し合った。つまり「共通分母の技法」を用いたのである。そうして、とにかく診療所にくる約束を取り付けるまでにもっていった。

翌朝、時間通り、その女性はやってきた。そしてこう告げたのである。

「先生、もし先生が夜おっしゃった議論のひとつでも、私に何らかの効果を与えたと思われるなら、それは誤解というものです」

非常識な時間に電話をかけられ、親身になって相談に応じたあげく、やってきたそうそう、こんなことをいわれては、フランクルとしてもはなはだ不愉快だったに違いない。

だが、言葉の続きに耳を傾けてみよう。

「もし、私が感銘を受けたとすれば、それはただひとつ、寝ているところをたたき起こした私に、腹を立てて怒鳴りつけるどころか、しっかり三十分も辛抱強く話を聞いて、説得してくれた人がいるということです。そんなことがあるのなら、もしかしたら本当に人生に、生き続けることに、もう一度チャンスを与えてもいいじゃないかと思ったのです」

ロゴセラピーの技術が、ここでは役に立たなかったのである。

自殺を思い止どまらせたのは、技術ではなかったのだ。

それは、人間と人間との対峙《たいじ》であった。

技術とは、基本的に機械的な構造物についてのノウハウである。肉体はある種のメカニズムであり、フロイトやアドラーの説く心理学も、人間心理のメカニズムを扱ったものだ。

しかしながら、人間の本質は機械ではない。これはフランクルが繰り返し述べていることである。機械的な側面の治療であれば、技術が功を奏するだろう。けれども、機械性を超えた、人間本来の実存的本性に対しては、技術は無効なのである。

それは、「人間対人間」の取り組みによってしか、克服できない領域になってしまうのだ。いわば「人間性による感化」というべきものである。そして人間性は、それを理数的に分析し、メカニズムに還元することはできない。人間性は、それ自体が分割不能な全体だからである。

盲腸の手術くらいであれば、技術だけ達者な医者でも間に合うだろう。あるいは将来、ロボットが自動的にやってくれる時代がくるかもしれない。

しかし、技術だけではダメなのだ。人間は機械以上の存在だからである。そこで問われるのは人間性なのだ。技術は巧みだが人間性の貧しい医者には、人間の機械的側面は治療(修理)できても、人間を真に治療する(癒す)ことはできない。

これは医者に限らず、人間と向き合うすべての職業についていえることである。教師、宗教家、あるいは作品を通じて人に影響を与える芸術家や作家などもそうだ。

もちろん、癒しの技術、人を教える技術、絵を描いたり音楽を演奏したり、文章を書く技術、こういった技術は大切である。それは日夜、磨かなければならない。

だが、技術ではないのだ。最終的に人を癒し、導き、感動させるのは。

真心と愛をもって接すること、イスラエルの哲学者マルチン・ブーバーのいう「我と汝」の関係、すなわち愛の関係こそが、決定的な影響力をもたらすのである。

「医者の人間性は、患者の人間性を呼び覚ます」(L91)

フランクルはこういっている。人間的な触れ合いと交流こそが、人間を変容させるのだ。

癌細胞に攻撃を加えるというイメージトレーニングの技術により、癌を克服したとされる女性患者は、次のように本心を告白している。

「本当は、攻撃的なイメージはあまりしなかったんです。私が治ったのは、あのイメージのためではありません。あのすばらしい先生と奥さんが、愛をくれました。本当に深く心配してくれた。それが私を癒したんだと思います。ガンを治したのは攻撃ではなくて、愛です」(※8)

結局、最後にものをいうのは、ロゴセラピーという技術でも何でもないのだ。

何であれ、そこに人間らしさ、愛があるかどうかなのである。フランクル派であろうとフロイト派であろうと、アドラー派であろうと、たいした違いはないのだ。なぜなら、愛があれば、人間を機械とはみなさないからである。そして人間は、人間として扱われたときに、癒されるからである。人を癒すのは技術ではない。

人が、人を癒すのである。

存在を通して癒すのである。人も、そしてこの世界も。

著作リスト・参考文献

《フランクル著作リスト》

Ａ『夜と霧』霜山徳爾訳、みすず書房、一九六一
Ｂ『死と愛』霜山徳爾訳、みすず書房、一九五七
Ｃ『時代精神の病理学』フランクル著作集3、宮本忠雄訳、みすず書房、一九六一
Ｄ『神経症Ⅰ』フランクル著作集4、宮本忠雄・小田晋訳、みすず書房、一九六一
Ｅ『神経症Ⅱ』フランクル著作集5、霜山徳爾訳、みすず書房、一九六一
Ｆ『精神医学的人間像』フランクル著作集6、宮本忠雄・小田晋訳、みすず書房、一九六一
Ｇ『識られざる神』フランクル著作集7、佐野利勝・木村敏訳、みすず書房、一九六二
Ｈ『現代人の病』高島博・長沢順治訳、丸善、一九七二
Ｉ『苦悩の存在論』真行寺功訳、新泉社、一九八六
Ｊ『意味への意志』大沢博訳、ブレーン出版、一九七九

K『生きがい喪失の悩み』中村友太郎訳、エンデルレ書店、一九八二
L『それでも人生にイエスと言う』山田邦男・松田美佳訳、春秋社、一九九三
M『宿命を超えて、自己を超えて』山田邦男・松田美佳訳、春秋社、一九九七
N『フランクル回想録』山田邦男訳、春秋社、一九九八
O『〈生きる意味〉を求めて』諸富祥彦監訳、上嶋洋一・松岡世利子訳、春秋社、一九九九

《参考文献》

1『続・死ぬ瞬間』E・キューブラー・ロス著、鈴木晶訳、読売新聞社、一九九九
2『極限の旅』ロブ・シュルタイス著、近藤純夫訳、日本教文社、一九八五
3『夜・夜明け・昼』エリ・ヴィーゼル著、村上光彦訳、みすず書房、一九八四
4『生きぬく力』ジュリアス・シーガル著、小此木啓吾訳、フォー・ユー、一九八七
5『チャップリン自伝』C・チャップリン著、中野好夫訳、新潮社、一九八一
6『輪廻転生』J・L・ホイットン他著、片桐すみ子訳、人文書院、一九八九
7『甦る生命エネルギー』A・ローエン著、中川吉晴・国永史子訳、春秋社、一九九五
8『癒された死』スティーヴン・レヴァイン著、高橋裕子訳、ヴォイス、一九九三

あとがき

ウィーン大学の神経学・精神医学の教授を務めたフランクルは、一九九五年の講義を最後に活躍の舞台から引退した。残された著作は全部で三十一冊。世界二十四ヵ国語に翻訳され、他の人の著作によるフランクル、およびロゴセラピーに関する本は百三十冊以上にものぼる。

彼と二番目の妻エリーとの間に生まれた娘は、成長してウィーン大学物理学教授と結婚し、二人の子供をもうけた。フランクルにとっては二人の孫に恵まれたことになる。

最晩年は、好きな読書にも支障が生じるほど視力が弱まり、重い心臓病をわずらうことになる。結局、この病気がもとで一九九七年九月二日に死去した。九十二歳であった。

亡くなるおよそ半年前、フランクルと面会された大阪府立大学の山田邦男教授は、最初の出会いについて、こう語っておられる。

「博士は、暖かくやわらかな手を差し出され、『あなたにお会いできて光栄です』と言われた。

その時の博士の態度は、世界的に有名な、二十世紀を代表する人物の一人にあげられる大物ぶったそれではなく、一個の平凡な市井人のそれであった。博士は、丁重にして謙虚、自然にして暖かであった。筆者はその時、『本当の人間』に出会った、という感じを受け、お会いするまでの緊張が一挙に解ける思いがした」（M193）

存在そのものから滲み出る人間性が、出会う人々に深い感銘を与えたフランクルの魅力は、著作の行間からも十分に窺い知ることができる。

今回、私はふとした機縁で彼についての本を書くことになったのだが、ここ最近、これほどの感動と喜びをもって何かを書いたという経験はない。今回の出版の仕事は、私自身にとっても大きく精神的成長を促してくれるものであった。

とはいえ、彼の思想を理解し、それをわかりやすく伝えるという点に関しては、必ずしも楽な作業だったわけではない。自らの力量不足を棚に上げていうならば、その理由のひとつに、フランクルの文体があげられる。

フランクルという人は、自らの著作において通常の学者が採るような、理路整然とした展開で体系を構築し、細部にまで明確な定義を加えていくといったタイプではないようだ。むしろ、散文的に自説を開示させていくような印象を受ける。そのため、思想内容を追いかけていくうち、ときおり真意の焦点がつかみきれず、迷宮に入り込んでしまう。

もっとも、この傾向は、必ずしもデメリットばかりともいいきれない。というのも、真相が見えにくいがゆえに、それをつかもうと能動的な思索を推し進めねばならず、あれこれ試行錯誤や推論を繰り返すうち、しだいに深い理解へと熟成されていくこともあるからだ。

実際のところ、本書もそのようにして執筆されたのである。つまり「フランクルはこういいたかったのだろう」と推論して、それを私自身の言葉で補った部分もかなりあるわけだ。そのため、もしも読者が直接フランクルの著作を読まれたなら、あるいは異なった見解をもたれるかもしれない。その意味では、本書はあくまでも「一研究者によるフランクル思想の解釈」といった方がいいだろう。

また、もうひとつお断りしておくことがある。本書では、なるべくフランクル自身の体験と思想内容を同時平行的に説明しようと試みたため、ある体験をした収容所の場所が、実際の史実と多少異なっている箇所がある。たとえばティリーの幻影を見たのは、本文ではアウシュヴィッツとされているが、実際は次に送られたカウフェリング第三収容所でのことである。

フランクルは、全部で四つの収容所を経験した。テレージエンシュタット、アウシュヴィッツ、カウフェリング第三収容所、テュルクハイムである。トータルで約三年間の収容所生活であったが、もっとも長く過ごしたのはテレージエンシュタットの二年間である。しかしここでの生活は、彼の思想形成に貢献するほどの体験はなかったようだ。重要なのは残り三つの収容所であり、中でもアウシュヴィッツは特別な意味をもっていたと考えられるのだが、実際には一番短く、ほんの数日の滞在だったようである。したがって本書では、滞在期間よりもその質的充実度を新たな座標として、フランクルの足跡を追うことにしたわけである。

いずれにしろ、フランクルをどう理解し、どう解釈するかにおいては、個人的な振幅がどうしても生じてしまう。第一、本当にフランクル思想を理解するとは、単なる知識や概念の習得では決してなく、むしろ「ハート」ともいうべき感性を通して直知体験を得ることにある。なぜなら、ハートで理解したときに、人はその教えを生きざまに反映するからだ。

そのためにも、ぜひフランクル自身の著作に当たることをお勧めしたい。巻末に、邦訳されたフランクルの著作が掲載されている。ただし絶版になったものも多い。現在、みすず書房から出ている『夜と霧』と『死と愛』、また春秋社から出ているものはすべて入手可能である(『苦悩の存在論』は一九九八年に新泉社から新版が出されたので入手可能なはずだ)が、それ以外は、もし在庫がなければ、古本屋を根気よく回るか、図書館に問い合わせるしかない。

もっとも、彼の著作の内容は重複している部分が多く、すべての著作を読まなければならないということもないだろう。『夜と霧』は別として、あとはどの本でも一冊だけ読めば、彼の思想の中核は、知識としてはだいたい習得できるはずである。とりあえずは『それでも人生にイエスと言う』(春秋社)などが、読みやすくていいかもしれない。

また、日本人研究者の執筆による本も三冊ほど紹介しておこう。

『フランクル心理学入門――どんな時も人生には意味がある』（諸富祥彦著、コスモス・ライブラリー、一九九七）

『生きる意味への問い――V・E・フランクルをめぐって』（山田邦男著、佼成出版社、一九九九）

『フランクルを学ぶ人のために』（山田邦男編、世界思想社、二〇〇二）

さて、フランクル自身は、ほぼ二十世紀のすべてを生き抜き、二十世紀を舞台に活躍した人物であったが、遺されたその教えは、むしろこれからの二十一世紀においてますます必要とされ、その真価を発揮していくに違いない。

結局、二十世紀とは、いかなる時代であったのか？

それは、かつてないほど技術文明が進歩した時代であったが、かつてないほど大量の人間が殺された時代でもあった。いわば、戦争と殺戮の時代だったのだ。何年か前に国連が調査した統計によれば、その当時以前の十年間だけでも、二百万人以上の子供が戦争の巻き添えで殺されている。これは戦場で死んだ兵士の数よりも多いのだ。また六百万人以上の子供が障害者となり、百万人以上が親を失い、数えきれないほどの子供が精神的外傷で苦しんでいる。この数字は、その後もあいついだ紛争や内乱により、さらに上昇しているはずである。一方、ユニセフの調査では、貧困からくる病気や飢餓によって、毎日二万人以上もの子供が死んでいると報告されている。

飛行機が落ちて三百人の乗客が死亡すれば、何日も続く大ニュースとなる。なのに、毎日何万人もの、何の罪もない子供たちが殺されているというのに、また、子供を殺された親の悲痛な叫びがあるというのに、ほとんど関心が向けられることはない。これは何とも奇妙なことである。おそらくこの種の死に関して、私たちの感覚は麻痺しているのだろう。

もしも、あらゆる紛争や対立、戦争といった暴力の根本的な原因が「空虚感」にあるのだとすれば、それに挑みかけるフランクルの思想は、今後、計り知れない重要な意味を帯びてくるはずだ。私たちは何としても、二十一世紀において、二十世紀には果たせなかった人類の悲願、すなわち世界平和を実現したいものである。そのためには、物理的な暴力からはもちろんのこと、心を荒廃させる虚無的な状況、換言すれば「愛の不在」から、子供や若者を守ってあげなければならない。彼らをもっと大切にしなければならない。

なぜなら、子供こそが人類の未来そのものであるからだ。

最後に、読者の皆様と、本書の企画を勧めてくださった日本教文社の黒河内将氏、および関係者すべての皆様に、心より感謝の意を表したい。

二〇〇〇年五月　二十世紀最後の春の大地を見つめながら。

斉藤　啓一

〔付記・第九版刊行にあたって、本文中のいくつかの箇所を書き改め、二一七ページの参考図書を一点追加した〕

◎著者紹介――**斉藤啓一**（さいとう・けいいち）一九六〇年、東京都生まれ。意識の覚醒をメインテーマに、哲学・神秘思想の研究と著作に励む。主な著書に『ブーバーに学ぶ――「他者」と本当にわかり合うための30章』（日本教文社）、『真実への旅――ファウスト博士の教え』（サンマーク出版）、『悟りを開くためのヒント』（ナチュラルスピリット）他がある。
《ホームページ》http://www.interq.or.jp/sun/rev-1/

フランクルに学《まな》ぶ
生《い》きる意味《いみ》を発見《はっけん》する30章《しょう》

初版発行――平成一二年六月一五日
一七版発行――令和 六 年九月一〇日

著者――斉藤啓一（さいとう・けいいち）

発行者――西尾慎也
発行所――株式会社日本教文社
東京都港区赤坂九―六―四四 〒一〇七―八六七四
電話 〇三（三四〇一）九一一一（代表）
FAX〇三（三四〇一）九一三九（営業）
振替＝〇〇一四〇―四―五五五一九
印刷・製本――港北メディアサービス株式会社
装幀――清水良洋

ISBN978-4-531-06347-5 Printed in Japan
乱丁本・落丁本はお取替えします。定価はカバーに表示してあります。